Hauswirtschaftliche Nahrungsmittelkonsumtion

und

Frauenarbeit

Von

Renetta Brandt-Wyt

München und Leipzig
Verlag von Duncker & Humblot
1912

Altenburg
Piererſche Hofbuchdruckerei
Stephan Geibel & Co.

Vorwort.

Im Mittelpunkt der Bevölkerungslehre steht das Problem der Nahrungsmittelversorgung. Die Entwicklung des Nahrungsspielraumes ist für die Entwicklung der menschlichen Gesellschaft von ausschlaggebender Bedeutung.

Für jedes Volk, das sich behaupten will, kommt es darauf an, im Besitz der nötigen Nahrungsquellen zu sein. Jedoch ist der volkswirtschaftliche Verbrauch von Nahrungsmitteln, pro Kopf der Bevölkerung berechnet, wesentlich verschieden von dem hauswirtschaftlichen Konsum. Nicht nur daß ersterer ein allgemeiner Durchschnitt ist, er enthält außer dem Verbrauch für menschliche Nahrung auch den Verbrauch für gewerbliche und landwirtschaftliche Zwecke. Das Problem der Bedarfsdeckung an Nahrungsmitteln, das wir soeben für die Völker angedeutet haben, wiederholt sich im Kleinen für jeden einzelnen Konsumenten: die glückliche Lösung der Nahrungsversorgungsfrage bildet in der Hauswirtschaft, wie in der Volkswirtschaft das Fundament dieser Wirtschaften.

Das Problem der volkswirtschaftlichen Nahrungsmittelversorgung wurde bisher meist nur von dem objektiv-konsumtiven Standpunkte aus behandelt. In der nachstehenden Arbeit soll der Versuch unternommen werden, diese Frage unter dem Gesichtswinkel der subjektiven oder hauswirtschaftlichen Konsumtion und ihrer Arbeitsverfassung zu betrachten. Von den Möglichkeiten einer tatsächlichen Erweiterung des Nahrungsspielraums kann bei einer solchen Betrachtungsweise natürlich keine Rede sein, wohl aber von einer Erweiterung der Ausnutzung der Nahrungsmittel durch Anwendung besserer Technik, wodurch allerdings in anderer Hinsicht eine Erweiterung des Nahrungsspielraums bewirkt wird.

Wir wollen die subjektive Nahrungskonsumtion auch vom ökonomischen Standpunkt aus in der Weise betrachten, daß wir bei dem hauswirtschaftlichen Verbrauch den Maßstab anlegen, nach dem der wirtschaftliche Erfolg daran gemessen wird, ob der größtmögliche Nutzen auch mit dem geringsten Aufwand von Arbeit erreicht ist.

*

Das ökonomische Prinzip ist in der Konsumtion der Hauswirtschaft in ungenügender Weise durchgeführt. Das Maß an Mühe, Arbeit und Kosten, das die hauswirtschaftliche Konsumtion, besonders die Nahrungskonsumtion in Anspruch nimmt, ist bei den verschiedenen Völkern höchst ungleich.

In der vorliegenden Arbeit beschränken wir uns auf die Untersuchung der Verhältnisse in Deutschland. Hierbei kommen nachstehende Gesichtspunkte in Betracht:

I. Belastung des Haushaltungsbudgets durch Nahrungskonsumtion.

II. Bewegung der hauswirtschaftlichen Arbeitskräfte.

III. Einfluß der Erwerbstätigkeit der Frau auf die Hauswirtschaft.

Bei der Behandlung der hauswirtschaftlichen Konsumtion als einer wichtigen Aufgabe innerhalb der Familie, werden wir unser besonderes Augenmerk auf eine zweckmäßige Arbeitsteilung, Organisation und Zentralisation richten.

Ferner werden die beiden Teile der subjektiven Konsumtion — Familien- und Anstaltshaushalt — berücksichtigt und einander gegenüber gestellt werden.

Inhaltsverzeichnis.

Einleitung.

Die Konsumtionslehre.

Eine Untersuchung über die „hauswirtschaftliche Nahrungsmittelkonsumtion und Frauenarbeit" gehört, insoweit es sich um die Konsumtionsfrage handelt, in den Teil der Volkswirtschaftslehre, der die „Lehre von der Konsumtion" genannt wird.

Für die nachstehende Betrachtung ist es notwendig, den Begriff der Konsumtionslehre kennen zu lernen. Innerhalb dieses Rahmens kann dann in eine Behandlung des eigentlichen Themas eingetreten werden.

Die gesamte Konsumtionslehre im weitesten Sinne bildet gewissermaßen nur den Hintergrund, auf dem sich als wichtige Letzterscheinung die hauswirtschaftliche Güterverzehrung abhebt.

In der geschlossenen Hauswirtschaft erfolgte die Produktion nach Maßgabe der Konsumtion und zwar nach individuellen und oft primitiven Bedürfnissen. Die Produktion war ein Bedarfdeckungsverfahren. Sie blieb dies auch dann noch, als in fortgeschritteneren Zeiten Produzent und Konsument nicht mehr räumlich und physisch zusammenfielen, sondern als der Produzent für einen ihm bekannten Kundenkreis auf Bestellung arbeitete. Durch genaue Kenntnisse des lokalen Marktbedarfs einerseits und durch öffentlich-wirtschaftliche Maßregeln anderseits wurde nicht nur dafür gesorgt, daß der Bürger seinen gesicherten Lebensunterhalt hatte, sondern es wurde auch ein Gleichgewicht zwischen produzierten und konsumierten Gütern hergestellt.

Erst als die Güterbeschaffung sich dem unbekannten Bedarf, dem Risiko zuwandte, emanzipierte sie sich von der lokalen Güterverzehrung. Gleichwohl blieb sie von der Güterverzehrung als solcher abhängig. Sie verliert als Wirtschaftserscheinung ihre sekundäre Stellung, ja sie verliert diese so sehr, daß sie durch den hervorragenden Platz, den sie im Wirtschaftsleben einnimmt, den Schein erweckt, als richte die

Konsumtion sich ganz nach ihr, als sei die Produktion Ursache und die Güterverzehrung nur die Folge dieses wirtschaftlichen Prozesses. Dies mag für die, sich stets mehr von der Produktionsstätte trennende, „subjektive" Konsumtion zutreffen, für die volkswirtschaftliche „objektive" Güterverzehrung kann es nicht der Fall sein. Hier ist nicht das Angebot, sondern der Absatz, d. h. die letzte Konsumtion als Verbrauch, das Agens gewesen, nach dem die Produktion sich zu richten hatte. Die Konzentration in der Produktion lenkte gegenüber der weniger auffallenden dezentralisierten Konsumtion mehr die Aufmerksamkeit auf sich; die Produktion war leichter wahrnehmbar und der wissenschaftlichen Forschung eher zugänglich.

Die älteren Ökonomisten betrachten das Wirtschaftsleben nur unter dem Gesichtswinkel der Güterhervorbringung, so die Merkantilisten und Physiokraten. Erstere wünschten zwar eine Hebung der Güterverzehrung, aber nur als Mittel, um die Produktion zu fördern[1]. Die Wichtigkeit der Konsumtion wurde niemals ganz übersehen, aber sie verschwindet hinter der Bedeutung der Produktion. Theoretisch erobert sich die Konsumtionsfrage zu jener Zeit kein eigenes Gebiet.

Die älteren Lehrbücher bringen daher keine gesonderten Kapitel über diese Lehre. Und doch ist ein Teil dieser Lehre, d. h. die Lehre der öffentlichen Konsumtion als Kameralwissenschaft, seit dem Ende des siebzehnten Jahrhunderts neben der Polizeiwissenschaft eine gesonderte und selbständig behandelte Fachdisziplin.

Erst Jean Baptiste Say bringt in seinem 1803 erschienenen Buche „Traité d'économie politique" eine neue Methode der Stoffeinteilung. Er nennt sie „eine Darstellung der national-ökonomischen, oder einfachen Entwicklung, wie die Reichtümer erzeugt, verteilt und konsumiert werden"[2]. Says Werk wurde in alle Sprachen des Kontinents übersetzt und übte in weiten Kreisen Einfluß aus. Seine Einteilung ist heute noch von Bedeutung. Allerdings hat eine Verschiebung der Gebiete innerhalb der Sayschen Einteilung stattgefunden, sogar ein von Say noch im Rahmen der Konsumtion behandeltes Thema, die Finanzwissenschaft, ist heute vollständig aus diesem Lehrgebiete ausgeschieden. Während Say die „Cirkulation" in dem Buche, das von der Produktion handelt, bespricht, ist dank des ungeheueren Fortschrittes im Verkehrswesen diesem Abschnitt jetzt

[1] A. Wirminghaus in der Festgabe für Gustav Schmoller. Leipzig 1908, Duncker & Humblot.

[2] Nach der 5. Ausgabe von J. B. Say von Morstadt 1818.

meist eine selbständige Stellung eingeräumt. Dagegen ist die Bedingtheit der Konsumtion von den Distributionsverhältnissen heute zugegeben, und diese von Say gesondert behandelten Abschnitte werden jetzt vielfach zusammengefaßt. Die Folge ist, daß heute der ökonomische Stoff nicht mehr nach produktivem, distributivem und konsumtivem Gesichtspunkt eingeteilt wird, sondern die Abschnitte meist von der Produktion, vom Verkehr und von der Konsumtion handeln. Die kritischen Auseinandersetzungen bezüglich dieser Stoffeinteilung sind allerdings noch nicht zum Abschluß gekommen[1], für die folgenden Betrachtungen sind sie insoweit von Bedeutung, als sie der Konsumtionslehre ihren Platz innerhalb oder außerhalb der Volkswirtschaftslehre einräumen. „Denn bekanntlich haben einige Theoretiker die Lehre von der Güterverzehrung ausgemerzt", sagt Hasbach, „weil sie sich in der Privatwirtschaft und zwar in der Hauswirtschaft abspiele, die Privatwirtschaft bilde aber keinen Gegenstand der Sozialwirtschaftslehre. Wenn sie nun folgerichtig die Güterhervorbringungslehre ebenfalls beseitigen wollten, dann würde man mit ihnen rechten können, denn die Güterhervorbringung vollzieht sich ebenfalls in der Privatwirtschaft, nämlich in der Erwerbswirtschaft, die die andere Hälfte der Privatwirtschaft bildet[2]."

Für unsere Untersuchung ist es von wesentlicher Bedeutung, daß die Lehre von der Konsumtion mehr als früher in den Vordergrund des wissenschaftlichen Interesses gerückt worden ist, d. h. der Teil der Konsumtionslehre, der nicht von der öffentlichen Konsumtion handelt; denn diese ist, wie bereits vorher gesagt, als Finanzwissenschaft eine selbständige Disziplin geworden. Historisch betrachtet, gebührt der Finanzwissenschaft gewiß das Verdienst, die Untersuchungen über die Konsumtionslehre angeregt und gefördert zu haben; für beide Arten der Konsumtion, sowohl öffentliche wie private, fließen die Mittel hauptsächlich aus e i n e r Quelle: aus der privatwirtschaftlichen Erwerbstätigkeit des Staates, der kleineren Gemeinwesen und der Individuen. Und weil die Erwerbstätigkeit Mittel zum Zwecke ist, so ist auch dem Zwecke, d. i. der K o n s u m t i o n, mehr Aufmerksamkeit zu gewähren, als bisher der Fall war. Deshalb soll nach Hasbach die Konsumtion, die im System der Sozialwirtschaftslehre

---

[1] Siehe hierüber u. a. S c h m o l l e r, Grundriß der allgemeinen Volkswirtschaftslehre, Teil I, S. 124.

[2] H a s b a c h, Güterverzehrung und Güterhervorbringung, S. 1. Verlag Gustav Fischer 1906.

eine untergeordnete Rolle spielte, an Stelle der Produktion als Ausgangspunkt in den Vordergrund treten.

Untersuchungen von Bedeutung stellte in Deutschland zuerst Ernst Engel an, indem er dieser Frage mit Hilfe von genau geführten Haushaltungsrechnungen näher zu kommen suchte. Das tiefere Studium der Materie ergab, daß eine Unterscheidung nach den Konsumtionsursachen notwendig sei. Versteht man unter Konsumtion „die für persönliche Zwecke schnelle oder langsame Zerstörung der Brauchbarkeit und des Wertes von produzierten und als Einkommen verteilten Gütern, soweit diese nicht der Kapitalvermehrung zugeführt oder nutzlos zerstört werden" [1], so tritt die Notwendigkeit einer Unterscheidung der Konsumtion in nützliche oder unnütze, d. h. als Verwertung oder als zwecklose Vernichtung, deutlich zutage.

Die unnütze oder unwirtschaftliche Konsumtion kann durch Naturkräfte oder durch Menschen erfolgen. Sei es durch langsame Prozedur: Verwitterung, sei es durch elementare Gewalt: Blitz, Hagel, Sturm, sei es durch mutwilliges Zerstören: Krieg, Verbrechen, sei es durch Geschmacksveränderung; die Folge der unwirtschaftlichen Konsumtion an sich ist eine Wertvernichtung, aber die unwirtschaftliche, von Lexis auch physische Konsumtion genannt, erzeugt wie alle Konsumtion eine Leere.

Der Vernichtung solcher periodisch zu erwartender unwirtschaftlicher Konsumtion kann bei Blitz, Hagel, Dürre usw. zwar nicht oder nur schwer, z. B. Wasserschäden, vorgebeugt werden, wohl aber bietet sich Gelegenheit, ihre Folgen durch Versicherungen, d. h. durch wirtschaftliche Spekulationen, für den Einzelnen aufzuheben. Die tatsächliche Vernichtung der Werte bleibt bestehen, wie auch bei Modeumschwung (sog. Meinungskonsumtion [Storck] oder Wertkonsumtion [Lexis]) eine Wertvernichtung oder Wertherabsetzung eintritt. Aber auch diese Folgen sind nicht unwirtschaftlich; auch sie sind nach Lexis ein Antrieb zu neuer Produktion, und man kann der unwirtschaftlichen Konsumtion eine volkswirtschaftliche Bedeutung nicht absprechen.

Am wesentlichsten ist die nützliche und beabsichtigte, die wirtschaftliche Konsumtion. Sie zerfällt in die technische und in die Genußkonsumtion. Die erstere, d. h. die technische Konsumtion, die Güter zu Zwecken weiterer Produktion verwendet, wird auch re-

---

[1] Schäffle, Das gesellschaftliche System der menschlichen Wirtschaft, 3 Aufl. 1873, S. 13.

produktive Konsumtion genannt und hängt so eng mit den Produktionsvorgängen zusammen, daß neuere Autoren sie von diesen nicht ausscheiden möchten.

Die Genußkonsumtion ist der eigentliche Kernpunkt des Konsumtionsproblems: sie erhält die zur Produktion notwendigen menschlichen Kräfte.

Es liegt nahe, auch diese Genußkonsumtion, wie die technische, als reproduktive Konsumtion, also eigentlich als Produktion, aufzufassen. Wäre diese Ansicht richtig, so könnte damit der Konsumtionslehre das Todesurteil ausgesprochen werden. Wenn aber als Merkmal der Produktion gilt, daß sie Sachgüter herstellt, zu denen die Natur das passive Element liefert, der Mensch dagegen den aktiven Faktor bildet, dann ist die Auffassung von der reproduktiven Genußkonsumtion nicht haltbar. Schäffle hat das richtige Gegenargument zu dieser irrtümlichen Auffassung gegeben. Er stellt den Menschen hin als „Ausgangspunkt und Zielpunkt aller Wirtschaft"; er betont, daß „die durch Konsumtion zerstörten ökonomischen Werte Kulturwerte, persönliche Kräfte werden, in welchen die ökonomischen Güter gleichsam nur latent werden, um mittelst des Arbeitsvermögens das Saatgut neuer ökonomischer Werte auszustreuen" [1].

Mit anderen Worten: Der Mensch ist das Subjekt der Wirtschaft, der Träger des wirtschaftlichen Gedankens, der Faktor der Arbeit; er ist Selbstzweck, um dessentwillen die ökonomischen Güter produziert werden müssen.

Die Genußkonsumtion ist also eine echte Konsumtion. Sie erstreckt sich sowohl auf Güter, die nur einer allmählichen Abnutzung unterliegen, als auf Güter, die gänzlich vernichtet werden. Zu ersteren gehören u. a. die Gebäude, sodann teils die Kleidung, zu letzteren die Nahrungsmittel.

Die letzte Verteilung der Nahrungsmittel erfolgt hauptsächlich in der Privatwirtschaft, in der Familienwirtschaft. Diese ist die älteste Wirtschaftseinheit, die wir in der Geschichte vorfinden. Auch heute ist sie noch die wichtigste Wirtschaftsform, weil sie durch ihr „physisch-geistig-sittliches Vermögen die wirtschaftliche Elementarkraft bildet" [2].

Aber nicht nur die einfache Familienwirtschaft ist die Trägerin der Nahrungsmittelkonsumtion, auch größere Verbände haben sie zeitweise

---

[1] Schäffle, a. a. O. S. 13.

[2] Schäffle, a. a. O. S. 23.

für ihre Mitglieder systematisch besorgt. Wir werden uns daher in Kürze nicht nur mit der Entstehung der wirtschaftlichen Konsumtion zu befassen haben, sondern wir müssen auch durch einige Beispiele zeigen, daß neben der individuellen hauswirtschaftlichen Nahrungsversorgung auch eine kollektivistische stattgefunden hat und noch stattfindet. Diese beiden Arten der subjektiven Konsumtion können und müssen dann darauf untersucht werden, inwieweit das ökonomische Prinzip, nach dem „der Mensch immer und überall die höchstmögliche Befriedigung mit dem geringmöglichsten Opfer (Arbeit) zu erreichen sucht“ [1], auch in der Konsumtion zur Anwendung kommt.

Erstes Kapitel.

Zur Entstehung und Entwicklung der hauswirtschaftlichen Konsumtion.

1. Die Entstehung der wirtschaftlichen Arbeit.

Keiner hat schöner als Karl Bücher die Entwicklung geschildert, welche der einzelne, nur seinem naiven Egoismus lebende Mensch auf der Stufenleiter zum Gesellschaftsmenschen durchläuft. Büchers „Entstehung der Volkswirtschaft“ bringt anschaulich die jahrtausendwährende Entwicklung des primitiven bis zum sozialempfindenden und nach diesen Prinzipien handelnden Menschen. Der Naturmensch „denkt nur an sich und denkt nur an die Gegenwart [2]. „Er spürt vor allem Hunger und Durst, er will diesen Trieb vor allem befriedigen. Die Folge seiner Nahrungssuche ist das ewige Wanderleben, ein Leben, das den Menschen so vollständig in Anspruch nahm, daß er selbst diejenigen Gefühle, welche wir als die natürlichsten ansehen, nicht aufkommen ließ, ihm fehlte völlig das Empfinden, was wir Liebe nennen. Gemeinsame Wirtschaft, Haushalt, Vermögen waren so gut wie nicht vorhanden. Diese Begriffe konnten erst entstehen, als der Kreis der Bedürfnisse über den bloßen Nahrungsbedarf sich hinaus erweiterte. Dies dauerte aber weit länger als die meisten zugeben wollen“. Man wird hier vielleicht Hahns [3] Aus-

---

[1] Bücher, Die Entstehung der Volkswirtschaft, 6. Aufl., S. 3.

[2] Ebenda S. 14 ff.

[3] Ed. Hahn, Die Entstehung der wirtschaftlichen Arbeit. Heidelberg 1908. S. 21.

führungen über die Entstehung wirtschaftlicher Arbeit heranziehen dürfen und seine hier folgende Behauptung, nicht aber viele seiner subjektiven Bemerkungen, sich zu eigen machen können. Nach Hahn ist „die Einführung wirtschaftlicher Nahrungsmethoden, die eine dauernd wirksame Ernährung des Stammes als wirtschaftliche Einheit sicherten, die Grundlage zu jeder höheren Entwicklung. Die Entstehung und Ausbildung dieser Arbeit sei fast allein der wirtschaftlichen Initiative der Frauen zuzuschreiben. Es fällt damit den Frauen, der für die ganze wirtschaftliche Entwicklung der Menschheit außerordentlich wichtige Schritt zu, durch den dauernden Anbau von Nahrungspflanzen, den Gewinn der Kulturpflanzen gefördert zu haben." Diese wirtschaftliche Initiative verdankt wahrscheinlich dem mütterlichen Instinkt der Frau ihren Ursprung. Dieser Instinkt macht die Frau bodenständig. Die Bodenständigkeit macht sie häufig zur Bearbeiterin und Besitzerin des Bodens. Aus dieser Arbeit „dieser zielbewußten Regelung des Tätigkeitsdranges auf ein wirtschaftliches Ziel hin"[1] erklärt sich das häufige Vorkommen des Grundbesitzes der Frauen. Die durch Arbeit angeeignete Scholle steigert durch Verarbeitung der gewonnenen Produkte die weibliche Leistungsfähigkeit, denn Reis, Hirse, Wildgrassamen, Durrha, Schilfschößlinge, wie auch gewisse norddeutsche Koniferenarten müssen mühevoll enthülst und auf dem Reibstein zerstoßen werden, um zur Zubereitung der Mahlzeiten verwendbar zu sein.

Da auch Bücher die Befriedigung der Nahrungsbedürfnisse als den menschlichen Trieb ansieht, welcher lange Zeit hindurch über alle anderen Triebe herrschte, so wird diese wirtschaftliche Tätigkeit um so höher zu bewerten sein. Sie wird sozusagen der Kern, um den das Stammesleben sich entwickelt: die Pflanzennahrung wird zum „Kitt" des primitiven Zusammenlebens. Es ist sehr subjektiv geurteilt, wenn Hahn aus dieser primitivsten dunkelen Vergangenheit der Menschheit Schlüsse zieht, die für das Verhältnis der Geschlechter von ewiger Bedeutung sein sollen. Für unsere Untersuchungen sind diese spekulativen Folgerungen Hahns irrelevant, wichtig jedoch sind seine Betrachtungen über die Nahrungsmittelkonsumtion und über das Feuer.

Hahn stimmt von den Steinen bei, daß die erste Entstehung des Feuers als eine Folgeerscheinung der ersten Holzbearbeitung, welche vielleicht zuerst als Spielerei geschehen ist, anzusehen ist.

---

[1] Ed. Hahn, a. a. O. S. 24.

Die bestimmte Differenzierung der beiden Geschlechter in bezug auf ihre Stellung zum Feuer ist gewiß dem primitiven Sinn des Naturmenschen zuzuschreiben. So wie er jede Beute, jede, wenn auch nur aus Spielerei gewonnene Erfahrung als seinen Privatbesitz betrachtet, so wird auch das Produkt der Wiederholung dieser Erfahrung der Besitz desjenigen sein, welcher die Erfahrung zuerst gemacht hat. Erfand die Frau, in der Not für ihre Sprößlinge sorgen zu müssen, den Ackerbau, so entdeckte der Mann, dem Spiele nachgehend, das Feuer. Hieraus und aus dem starken Bewußtsein des Besitzempfindens erklärt sich die verschiedene Stellung der Geschlechter zum Feuer. Aus dieser Auffassung folgt logisch, daß bei dem Manne das Recht ruht, das Feuer anzuzünden, oder nach Erlöschen, sei dies durch Unglück oder Nachlässigkeit verursacht, wieder neu anzuzünden. „Die Frau hat die Rolle, das Feuer zu verwahren und zu bewahren", d. h. auch hier leistet sie die mühevolle Arbeit. Diese Arbeit mag anfangs vielleicht religiöser Art gewesen sein, bei der stets wachsenden Vertrautheit mit dem Feuer und bei ihrer sonstigen wirtschaftlichen Tätigkeit muß sie aber auf die Dauer zu Kombinationen geführt haben. Eine deduktive Erklärung für die Frau als Köchin wäre hier leicht, jedoch ebenso nahe liegt diese Deduktion für die gewerbsmäßige Betätigung des Mannes! Spekulationen sollen hier ausgeschlossen sein, und die Nahrungsversorgung als solche möglich gewissenhaft von Anfang an untersucht werden.

Für die Pflanzennahrung und ihre auf Überlieferung beruhende Zubereitung ist die Frau als diejenige zu betrachten, die hier die führende Rolle inne hat. Der dem Jagdvergnügen nachgehende Mann hat die Beute selbst erschlichen: ihm gehört das Fleisch, ihm folglich die Zubereitung desselben. Diese Konsumtionsteilung, die dem Besitzrecht am Produkt entspricht, findet sich bei den Naturvölkern häufig: der Mann ißt für sich sein durch eigene Arbeit erobertes Stück Fleisch, seine von ihm selbst gefundenen Vegetabilien; die Frau erntete, sammelte und verzehrte für sich, jedoch ihrer natürlichen mütterlichen Obliegenheit folgend, teilend mit den nichterwachsenen Kindern.

So mag aus der oben erwähnten, unbewußten Teilung des Konsums, allmählich die Sitte entstanden sein, die zu der Trennung der Geschlechter bei den Mahlzeiten, und der oftmals vorhandenen verschiedenen Beköstigung führte. Vielleicht findet zum Teil die große Varietät der Stammes- und Familiensitten hier ihren Ursprung.

Die Verschiedenheit der klimatischen Verhältnisse bzw. der durch sie bedingten Flora und Fauna hat auf die Art der vorhandenen Nahrungsmittel und die Beschaffung derselben, folglich auf die Ernährung der Menschen, großen Einfluß ausgeübt. Aus ihr erklären sich die sehr großen Schwankungen in vegetabilischer und tierischer Beköstigung, das Überwiegen der einen Nahrungsart über die andere. Auch Sitten und Gebräuche mögen nach der einen oder anderen Richtung korrigierend auf den Nahrungskonsum gewirkt haben, sicher scheint es jedoch zu sein, daß der Mensch, wenn die Nahrungsquellen da sind, als omnivor bezeichnet werden muß.

Sobald der Mensch sich über die bloße Nahrungssuche erhebt und die ersten Kulturbedürfnisse für ihn merkbar werden, erscheint die Frau fürsorglich, d. h. wirtschaftlich auf dem Plan. Je höher und je mehr diese Kulturbedürfnisse steigen, um so größer und differenzierter wurde die Arbeit, die zu leisten war. Die Frau hatte sich bereits ein großes Arbeitsgebiet erobert, als dem arbeitsfreien Manne die übrigen Obliegenheiten zufielen. War die Frau die erste und einzige Leiterin der Produktion, so wurde ihr der Mann jetzt zum Gehilfen; ihr Produktionsgebiet blieb das nämliche, nur wurde es durch steigende Kultur gleichfalls komplizierter, ihre Arbeit konzentrierte sich bald auf den engeren Kreis, während des Mannes Gebiet an der Peripherie ihres Arbeitsfeldes und bald weit darüber hinaus gelegen war.

Das mütterliche Moment gab den Anstoß zur ersten wirtschaftlichen Arbeit, dann aber wurde die Verschiedenartigkeit der wirtschaftlichen Betätigung die Ursache für die Verschiedenheit der Gestaltung der Familie.

Grosse sagt dies in folgenden Worten „wir werden zeigen, daß die verschiedenen Formen der Familie den verschiedenen Formen der Wirtschaft entsprechen, daß sich der Charakter jeder einzelnen Familienform in wesentlichen Zügen aus dem Charakter der Wirtschaftsform erklären läßt, in welcher sie wurzelt“ [1].

Da Grosse auf die Methode der Deutung verzichtet und sich nur an das hält, was „zuverlässige Gewährsleute über wirklich beobachtete Formen des Familienleben berichten“, so müssen auch für unsere Untersuchungen bei ihm Tatsachen zu finden sein, die für die Geschichte der Nahrungsversorgung Wertvolles bieten. Da

---

[1] Ernst Grosse, Die Formen der Familie und die Formen der Wirtschaft. Freiburg 1896. S. 1.

Grosse die ganze Wirtschaftsform untersucht, wir dagegen nur die Art der Nahrungsversorgung heraus schälen möchten, so ist große Vorsicht bei der Verwendung seines Materials geboten, um Schlüsse zu vermeiden, die über das Ziel hinaus gehen würden.

2. Die Formen der Familie.

Das Fundament zu Grosses Betrachtungen bildet das Familienleben. Der lose Verband, den die Horden der Urmenschen darstellen, beruht auf Verwandtschaft, war also in gewissem Sinne ein Familienleben, obwohl von einer Ehe noch keine Rede sein kann. Erst als solche Eigenschaften erworben waren, durch die auch der Mensch außerhalb der Geschlechtsphäre Nutzen vom Menschen ziehen konnte, wurde er dauernd als Besitzobjekt begehrt. Die Frau war eher wirtschaftlich tätig als der Mann, diese ihre Arbeitskraft schätzte der Mann an ihr, und sie machte sie ihm begehrenswert. „Ein Australier läßt sich von seinen Weibern ernähren und bedienen; je mehr Weiber er besitzt, desto behaglicher ist sein Dasein. In Columbien entscheidet sich der Freier für das arbeitsfähigste Mädchen. Die Turkmenen bezahlen für junge Witwen doppelt so viel als für Jungfrauen, weil jene in den Geschäften der Haushaltung tüchtiger und erfahrener sind als diese" [1].

Die produktive Arbeit der Frau, die soviel Güter schaffte, daß dieselben nicht alle konsumiert werden konnten, war Ursache, daß sich ein Vermögen ansammelte. Dieses Vermögen gehörte demjenigen, dem die Frau gehörte, meistens wird dies der Ehemann, häufig der nächste männliche Blutsverwandte der Frau gewesen sein. Begreiflich ist es, daß der Ehemann bei seiner Frau Erben erzeugen wollte, um damit das von ihr geschaffene Vermögen für sich und seine Nachkommenschaft festzuhalten. Daher ist Hauptzweck der auf wirtschaftlichen Grundlagen geschlossenen Ehen der Wunsch nach Erzeugung und Erziehung einer Nachkommenschaft, d. h. einer Befestigung des bestehenden Vermögens und eines Zuwachses desselben durch die fast überall vorkommenden Eigentumsrechte des Vaters an den Kindern.

Je größer diese väterlichen Rechte waren, um so einschneidender konnte der Vater in das Leben seiner Kinder eingreifen. Während durch den Erlös des Verkaufes der Töchter der Besitzstand erhöht

[1] Ernst Grosse, a. a. O. S. 16.

wurde, konnten andererseits die Söhne nach der Verheiratung festgehalten werden, um somit ihre produktiven Kräfte dem Vater und dem väterlichen Besitz zu erhalten. Wo Frau und Kinder nur als Vermögensobjekte galten, findet man häufig das Bestreben, die Kinder diesem Wirtschaftsverbande erhalten zu wollen. So lebten oft drei bis vier Generationen zusammen. Diese aus verschiedenen Generationen zusammengesetzte Wirtschaftsform nennt Grosse die Großfamilie.

Die Großfamilie wird durch ihr kollektives Wirtschaftssystem unter der Zentralleitung eines pater familias vielleicht Anhaltspunkte bieten, um Untersuchungen über eine eventuelle kollektive Nahrungsversorgung größerer Menschengruppen anzustellen. Auch die Sippe könnte hier möglicherweise Material geben, denn auch sie ist eine mächtige organisierte Körperschaft, welche auf verwandtschaftlicher, wirtschaftlicher und räumlicher Basis begründet ist. Ihre Verfassung jedoch wird des öfteren von der durch die Großfamilie überlieferten Tradition abweichen. Aber dies ist hier nebensächlich, denn nicht das organisierte Familien- oder Sippenleben, sondern die eventuelle Folge davon: die gemeinsamen Mahlzeiten oder ihre gemeinsame Bereitung sollen im Vordergrund der Betrachtung stehen.

Bringt nun Grosse eine Fülle von Material, so werden trotzdem die positiven Ergebnisse einer Konsumtionsgemeinschaft in unserem kücheneinheitlichen Sinne äußerst gering sein. Besonders, da diese Ergebnisse noch dahin geprüft werden müssen, ob die vorgefundenen Verhältnisse ursprünglich oder durch andere äußere Gewaltverhältnisse künstlich erhalten und gefördert worden sind.

Da aber diese Arbeit keine ethnologisch-geschichtliche sein will, müssen diese Untersuchungen sich im Rahmen einiger Beispiele erschöpfen.

Es lassen sich zu allen Zeiten und in allen Erdteilen ganze Bestände und Reste von Sippen- und Großfamilienverfassungen nachweisen. Sowohl bei den „Kulturen der Chinesen, Japaner, Indier, Griechen und Römer wie bei den Kelten, Germanen, Slawen, Iren, auch bei den oft auf niederer Kulturhöhe stehenden Völkern Asiens, Amerikas, Afrikas der Gegenwart finden wir diese wirtschaftlichen Organisationen". Da die Art des Nahrungserwerbes die Form der Produktion mitbestimmt, die Form der Produktion wiederum die Form der Familie stark beeinflußt, so ist es selbstverständlich, daß die

Form der Familie wechselt mit dem Stand und der Art des Erwerbes. Nach Grosses bekannter Systematisierung zerfallen die Völker in Familien der „Niederen Jäger, der Höheren Jäger, der Viehzüchter, der Niederen Ackerbauer und der Höheren Ackerbauer". Nach ihm ist die Sonderfamilie, d. h. die Gemeinschaft der in einem dauernden und ausschließlichen Eheverhältnisse lebenden Eltern und ihrer Kinder, eine Form, welche als mehr oder minder selbständige Organisation bei jedem Volke besteht. Dagegen soll die Form der Großfamilie nur den alten Kulturvölkern des Westens und des Ostens eigen sein, d. h. für unsere Untersuchung: neben der kleinen Sonderfamilie und ihrem individuell gestalteten Nahrungsmittelkonsum hat sich stets bei der Großfamilie eine anstaltsähnliche Versorgung der Lebensmittelbedürfnisse erhalten.

Wenn die Sonderfamilie die Vorherrschaft gewinnt, wie es bei den meisten nomadisch und bei den auf hoher Kulturstufe lebenden Völkern der Neuzeit der Fall ist, so wird durch diese Wirtschaftsform ein gemeinsamer Nahrungsmittelkonsum, wie er bei der Großfamilie möglich ist, von vornherein ausgeschlossen sein. Wo aber die Sonderfamilien durch das Sippenleben eng miteinander verbunden sind, finden wir zahlreiche Beispiele von engstem Zusammenschluß, sogar von Wohnungsgemeinschaft. „Die Irokesen hatten lange Gemeinhäuser, welche Raum für fünf bis zwölf Familien boten, und sie lebten miteinander in Gütergemeinschaft[1]. In Sierra Leone und Fernando Po wird die Bearbeitung der Felder von ganzen Dörfern gemeinschaftlich ausgeführt und später die Ernte nach der Kopfzahl der Familien, welche mitgearbeitet haben, oder nach Bedarf verteilt[2]. Dasselbe geschieht bei den Jalof[3]. Nach Ratzel wohnen die Mitglieder der Madi in dem oberen Nilgebiete benachbart und nehmen die Mahlzeiten gemeinsam ein[4]. Riedel erwähnt Gebäude mit 300 Insassen; Wilken erzählt von den Dayak, welche nach Muttersippen leben, daß sie in einem mächtig ausgedehnten Gebäude, in welchem für 500 Personen Platz war, lebten[5].

Ein ausführlicher Reisebericht von W. J. M. Michielsen[6], der als niederländischer Zivilbeamter im Jahre 1880 eine Forschungsreise am Kalangflusse auf Borneo unternahm, gibt ein anschauliches Bild, wie es in einem solchen Haus ausgesehen haben mag. Der

---

[1] [2] [3] [4] [5] Ernst Grosse, a. a. O. S. 135 u. flgd.

[6] Tydschrift voor Indische Taal-Land-en Volkenkunde 1883, Teil 28, S. 15.

von ihm verlassen vorgefundene Kampong von Demang Djaja bestand aus einer kolossal großen Wohnung, d. h. aus einem 100 m langen und 19 m breiten Hause, welches 7 bis 8 m über dem Erdboden gelegen ist. Mit Ausnahme des Fußbodens besteht das Ganze aus Eisenholz und ist mit Blättern desselben Baumes bedeckt. Eine Wand mit 22 Türen teilt das Ganze der Länge nach in zwei gleiche Hälften; der vordere Teil, eine Galerie, dient als Aufenthaltsraum für gemeinsame Arbeit, für die Zusammenkünfte der Bewohner und zum Nachtaufenthalt für Reisende. Die hintere Hälfte ist durch Holzwände in 22 Zimmer geteilt, die für die Familien als Wohnraum und Küche dienten. In den meisten jener Räume waren zwei, drei ja sogar vier Feuerstellen, woraus hervorgeht, daß die Zahl der hier wohnhaften Sonderfamilien viel größer war, als die Zahl der Zimmer. Der ganze Kampong war mit einer Menge „Apilans" zur Verteidigung der Holzwände, wie mit einer sehr hohen Eisenholzschutzmauer umgeben". Diese Schilderung, welche die Gewohnheiten der Dajaks auf Borneo veranschaulicht, scheint die Behauptung Grosses zu bestätigen, daß die in Sippen zusammenlebenden Sonderfamilien mehr als Trutz- wie als Produktions- und Konsumtionsgemeinschaft zusammengetreten seien. Ein gemeinsames Wohnen läßt also die Folgerung gemeinsamer Wirtschaft nicht ohne weiteres zu. Die Produktionsgemeinschaft lag dort vor, wo, wie in den zuerst zitierten Beispielen, Besitzgemeinschaft vorliegt. Die erste Besitzgemeinschaft war Grund und Boden. Der Besitz des Bodens, als unmittelbare oder mittelbare Quelle des gemeinsamen Wohlstandes, muß das Gefühl der Schollenangehörigkeit bestärkt haben. Bei den niederen Jägern ist der Begriff des eigenen Areals nur dann vorhanden, wenn dieses Areal bedroht und damit die Nahrungsquelle gefährdet erscheint. Bei den höheren Jägern bleibt gleichfalls das Gefühl dem Boden gegenüber mehr negativer Art. Dagegen kennen die Viehzüchter genau die Grenzen ihres Gebietes, betrachten dasselbe jedoch nur als Grundlage ihres Privatbesitzes, d. h. als Nahrungsquelle ihres Viehbestandes. Erst bei den Ackerbauern entstand der Gemeinbesitz am Boden im engeren Sinne. Die Dorf- und Flurgemeinschaft bedingt eine gegenseitige Verständigung, ein Zusammenwirtschaften, auch außerhalb der Zeiten von Kriegsgefahr und von Not. Solche Dorf- und Flurverfassungen, die sowohl den niederen, wie besonders den höheren Ackerbauern bekannt waren, mögen die Wirtschaftsform der „Großfamilie" die unter der Leitung des pater familias eine Produktions- und Konsumtionsgemeinschaft war, unterstützt haben. Sonderfamilie und Großfamilie bestanden nebeneinander. Bei höherer Kultur entwickelte sich trotz oder vielleicht wegen der strengen patriarchalen Gewalt das Streben nach persönlicher Freiheit, und dieses Verlangen löste das auf Überlieferung beruhende und nach festem Plane organisierte Wirtschaftsleben der Großfamilie auf.

Das häusliche Treiben der Großfamilie durch einige Beispiele näher kennen zu lernen, wäre deshalb interessant, weil diese Wirtschaftsform den Keim in sich trug, aus dem nicht nur die geschlossene Hauswirtschaft sich entwickelte, sondern auch allmählich die volkswirtschaftlichen Organisationen der Gemeinden und Staaten sich entwickeln konnten. Die Stadtstaaten Sparta und Kreta, wo die Gewalt des pater familias bereits zur Staatsgewalt erstarkt war, seien als Beispiele dieser letzten Behauptung herangezogen. Das Leben der Germanen, über das wir leider zur Zeit, als dieses Volk noch in Großfamilien zusammenwohnte, sehr wenig wissen, kann nur unvollkommen aus einigen bekannten Tatsachen konstruiert werden.

Während das hellenische und germanische Großfamilienleben den Stempel des Selbstgewollten trägt, wird das letzte Beispiel der jetzt noch existierenden Großfamilie der Zadruga der Südslaven zeigen, wie eine historisch gewordene Wirtschaftsform durch äußere, fremde Gewalt erhalten bleiben kann.

Obwohl auch die östliche Zivilisation noch heute Züge der Großfamilienverfassung bewahrt hat, mögen die vier Beispiele der westlichen Zivilisation genügen, um das Bild des zentralisierten Wirtschaftens zu veranschaulichen. Nach der chronologischen Reihenfolge fangen wir mit Sparta und Kreta an.

3. Beispiele zentralisierten Konsums.

a) Sparta.

Lykurg hat seine Gesetzgebung an eine aus 4500—6000 Spartiaten bestehende Stadt gegeben. Diese Spartiaten waren aber vor dem Gesetz nicht alle gleich. G. F. Schoemann sagt in seinen „Griechischen Altertümern"[1]: „Es fand sich aber im spartanischen Staate auch eine Klasse von Leuten, die, obgleich Spartiaten von Geburt, dennoch nicht zu dem gleichberechtigten Demos der Homoien gehörten, und zwar deswegen nicht gehörten, weil sie den Bedingungen, an welche

[1] G. F. Schoemann, Griechische Altertümer, Bd. I. Auf S. 224—279 ff. befinden sich die in dem Text verarbeiteten Zitate.

die Gesetze die Gleichberechtigung knüpften, nicht Genüge leisteten. Diese Bedingungen waren zweierlei: erstens unverbrüchliche Befolgung der spartanischen Agoge, d. h. der Anordnungen, welche teils für die Erziehung der Jugend, teils für die Lebensweise der Erwachsenen von Lykurg vorgeschrieben waren. Wer diesen nachlebte, sagt Xenophon, der genoß alle Rechte des Vollbürgertums in ihrem ganzen Umfange, mochte er schwach an Körper oder stark, arm an Gütern oder reich sein; wer sich aber ihnen entzog, der galt für unwürdig, ferner den Homoien beigezählt zu werden. Die zweite Bedingung lernen wir aus Aristoteles kennen. Jeder Bürger mußte einen gewissen Beitrag zu den gemeinschaftlichen Mahlzeiten entrichten; wer diesen Beitrag nicht entrichtete, etwa aus großer Armut nicht zu entrichten imstande war, der ging ebenfalls des Vollbürgertums verlustig. Der Beitrag zu den Männermahlzeiten, den Syssitien, scheint keinesfalls gering gewesen zu sein; er betrug monatlich einen Medimnos Gerstengraupe oder Mehl, acht Choen Wein, fünf Minen Käse, dritthalb Pfund Feigen und außerdem eine Kleinigkeit an Geld im Betrage von ungefähr zehn aiginaiischen Obolen. Wegzubleiben von den Syssitien war den in der Stadt Anwesenden nur aus gewissen Gründen gestattet, z. B. wenn einer ein häusliches Opfer feierte oder sich auf der Jagd verspätet hatte. Sonst war es unerläßliche Pflicht eines jeden Spartiaten, sobald er das zwanzigste Jahr zurückgelegt hatte, den Syssitien beizuwohnen, und nur diejenigen, die als Aufseher den Knabenabteilungen vorgesetzt waren, speisten nicht dort, sondern mit den Knaben ihrer Abteilung. Auch die Könige aber durften sich von den Syssitien nicht ausschließen, und als einst Agis nach der Rückkehr vom Kriege gegen Athen begehrte, daß man ihm seine Portion von der Gemeindemahlzeit ins Haus schicken möchte, weil er dort mit seiner Frau zu speisen wünschte, so ward ihm dies nicht gewährt. Es speisten übrigens beide Könige in demselben Speiselokale, und ihre Tischgenossen waren dieselben, die auch im Kriege ihre nächste Umgebung ausmachten. Ihr Vorzug vor jedem anderen Bürger bestand nur darin, daß sie doppelte Portionen bekamen, um davon denjenigen mitteilen zu können, welchen sie eine Ehre erweisen wollten. Die Kosten des königlichen Tisches gewährte der Staat. An jedem Tische speisten etwa 15 Personen, bald mehr, bald weniger. Die Aufnahme in eine Tischgenossenschaft geschah durch freie Wahl der Mitglieder. Die aber daheim Tischgenossen waren, waren auch im Kriege Zeltgenossen, und die im Kriege die Heeresabteilungen befehligten, führten auch daheim die Aufsicht über die Syssitien. Die Kost war im höchsten Grade einfach: das alltägliche Hauptgericht bestand in der berühmten schwarzen Blutsuppe, einer Art Schweineschwarzsauer, das Fleisch in dem Blute gekocht und mit nichts als mit Essig und Salz gewürzt. Hiervon wurde jedem seine bestimmte Portion besonders vorgesetzt; Gerstenbrot dagegen konnte nach Belieben gegessen werden, und auch Wein ward in hinreichender Menge verabreicht, um selbst ziemlich starkem Durste zu genügen. Sich zu betrinken, galt für schimpflich. Zum Nachtisch gab es dann Käse, Oliven, Feigen. Doch war es den Tischgenossen nicht verwehrt, auch ein Extragericht zum Besten zu geben, ein Stück Wildbret z. B. oder ein Weizenbrot, welche dann nach der ordnungsmäßigen Mahlzeit als Nachmahl herumgereicht wurden."

Es handelt sich bei dem Beitrag zur Gemeindemahlzeit offenkundig um eine Staatssteuer, die hauptsächlich in Naturalleistungen gezahlt wurde. Aus den angesammelten Naturalien wurden die Kosten der Mahlzeiten bestritten. Leider gibt Schoemann nicht an, wer für Zubereitung der Mahlzeiten sorgte; anzunehmen ist aber, daß hier eine Massenzubereitung vorliegt, schon aus dem Grunde, weil bei der Gleichheit des Speisezettels keine Absicht bestehen konnte, durch bessere oder feinere Zubereitung, wie sie in der Privatwirtschaft vorkommen könnte, eine Differenzierung der einzelnen Gerichte für die einzelnen Staatsbürger herbeizuführen.

b) Kreta.

Für die in der öffentlichen Zucht so ähnliche Stadt Kreta sind wir betreffend der Zubereitung der gemeinsamen Mahlzeiten besser unterrichtet. Schoemann [1] sagt diesbezüglich: „Die Besorgung der Syssitien, was die Bereitung der Speisen betrifft, war einer Frau übertragen, der drei oder vier Leute geringen Standes als Gehülfen und zum Dienst in der Küche einige Sklaven beigegeben waren. Diese Küchenvorsteherin setzte das beste der aufgetragenen Speisen denen vor, die durch Tapferkeit oder Klugheit ausgezeichnet waren. Ob sie aber darin ihrem eigenen Urteil zu folgen hatte oder der Anweisung, die ihr etwa der Vorsitzende des Syssition gegeben, wird nicht gesagt." Auch über die Kosten der gemeinschaftlichen Mahlzeiten sind wir unterrichtet. Sie wurden, wenn auch nicht ganz, so doch für den wesentlichen Teil aus der Staatskasse bestritten. „Eine

[1] Ebenda S. 318 ff.

speziell auf Lyktos bezügliche Angabe des Dosiades ist leider nicht recht deutlich; doch scheint aus ihr hervorzugehen, daß jeder Bürger den zehnten Teil seines Fruchtertrages an seine Hetairie (die Gesellschaften, die zusammen speisten, hießen Hetairien) lieferte, der übrige Aufwand für die Syssitien aber von der Staatskasse getragen wurde, aus der ein bestimmter Betrag für jede Familie angewiesen ward. Aus anderen Zeugnissen wissen wir, daß die gesamten Staatseinnahmen in zwei Teile geschieden, also auch in zwei Kassen verteilt wurden, die eine für den Gottesdienst und die Bedürfnisse der Staatsverwaltung, die andere für die Syssitien, oder richtiger, für die Beköstigung der Bürger und ihres Hausstandes. Wenn jeder den zehnten Teil seiner Früchte abgab, so konnte der Betrag freilich für den Reichen ziemlich groß, für die Armen aber ein so Geringes sein, daß er bei weitem nicht den kleinsten Teil der Kosten für ihn und die Seinigen deckte, und daher konnte Aristoteles es als einen wesentlichen Unterschied zwischen den spartanischen und kretischen Syssitien bezeichnen, daß hier alle auf gemeinschaftliche Kosten gespeist wurden. Frugalität war bei den Syssitien der Kreter ebenso wie bei denen der Spartaner vorgeschrieben, doch hören wir über ihre Speiseordnung nichts Spezielleres. Nur dies wird angegeben, daß die Knaben, welche den gemeinschaftlichen Mahlzeiten der Männer beiwohnten, um aus deren Unterredungen Nutzen zu ziehen, bloß Fleisch, und zwar die Hälfte der Portion eines Erwachsenen, von anderen Speisen nichts erhielten, und daß den Waisen namentlich ihre Kost ohne alle würzende Zutat verabreicht wurde. Zum Trinken ward für alle ein gemeinschaftlicher Krater Weines, mit Wasser gemischt, hingestellt, aus welchem jeder seinen Becher füllte. Nach dem Essen ward ein zweiter hingestellt. Die Älteren durften nach Gefallen trinken; die Jüngeren mußten mit den ihnen zugeteilten Portionen ausreichen."

Wenn in Sparta und Kreta eine Konsumtionsgemeinschaft vorliegt, welche für kommunistische Utopien vorbildlich ward, so sind doch mit diesen beiden Staaten des klassischen Altertums die Beispiele dieser Art des Gemeinschaftslebens erschöpft, denn die gelegentlich vorkommenden Tischgenossenschaften von Junggesellen, Witwern oder solchen Leuten, die lieber in Männergesellschaft als zu Hause mit ihren Frauen speisen mochten, werden nur selten, u. a. für Athen, vermeldet.

Ganz sicher haben wir es bei diesen Konsumtionsgemeinschaften mit kulturellen Erscheinungen ersten Ranges zu tun; ihre ganze

Organisation stand deshalb auf einem hohen Niveau, weil die Rechts- und Wirtschaftsordnung auf einem selbst gegebenen Gesetze beruhte. Der kleine Stadtstaat war stets der Kriegsgefahr ausgesetzt, die gute Verteidigung seiner Interessen war bei der damaligen Kampfesweise von der physischen Tüchtigkeit und Geschicklichkeit seiner Bewohner abhängig. Um letztere zu erzielen, war die stramme Zucht von Jugend auf erforderlich. Die in Form von Naturalabgaben geleisteten Beiträge mögen den Staat dazu veranlaßt haben, dieselben so zu verwerten, wie es bei den Männermahlzeiten Gebrauch war. Diese Massenabfütterung ist das älteste Beispiel von einer Nahrungsorganisation großen Stiles.

c) Germanisches Hauswesen.

Sind unsere Angaben über die klassische Vergangenheit nicht sehr vollkommen, so wissen wir über das Leben unserer germanischen Ahnen noch viel weniger. Moriz Heine hat in seinem Werke über die „Deutschen Hausaltertümer" alles, was durch schriftliche Dokumente oder Fundstellen bekannt geworden ist, sorgfältig gesammelt. Nach ihm ist die „Hauskommunion eine Institution, die auf gemeinindogermanischer Grundlage fußt" [1]. Aber Heine meint auch, daß „der erwachende individualistische Zug, der dem Slaven fehlt, den Keim zum Erwachsen des germanischen Volkes in sich trägt, indem er die absolute Gewalt der Hauskommunion lockert und später vernichtet. Natürlich wissen wir über das allmähliche Wachsen solches Gedankens nichts, da wir nur den Punkt der Entfaltung erschließen und die viel späteren Ergebnisse beobachten können" [1].

Es ist wohl anzunehmen, daß die Erhaltung der Hauskommunion gewissermaßen an die Art der Siedelung gebunden war. So wird der Einzelhof und der durch Kolonisation entstandene Großgrundbesitz Veranlassung zur Erhaltung oder Neuschaffung eines patriarchalen Wirtschaftssystems gegeben haben. Die Dorfsiedelung dagegen wird mehr den Gemeinsinn wie den Großfamiliengeist erhalten haben.

Um ein genaueres Bild über das Leben der germanischen Familie zu gewinnen, müssen wir anfangen mit einer Beschreibung der Wohnungsweise unserer Altvorderen. Die Wohnung und die bei ihrer Erstellung zutage tretende Geschicklichkeit bedingen manches im

[1] Moriz Heine, Deutsche Hausaltertümer, Bd. I, S. 5.

inneren Wirtschaftsleben. M. Heine hat uns die Details zu folgenden Schilderungen gegeben.

Die germanische Hausanlage schloß sich von der Außenwelt durch einen kreisrunden Schutzzaun ab; innerhalb dieses Zaunes wurden die Gebäude errichtet; der freie Platz, der dann noch übrig blieb, trägt den Namen „Hof". Das Eigentümliche der germanischen Hausanlage ist die durch die primitive Bauart bedingte Zahl der Baulichkeiten. Nur kleine, leichte Holzbauten sind möglich, und ihre Zahl war abhängig von dem Kreis der Verwandten, Hörigen und anderen Herdgenossen, sowie von der Mannigfaltigkeit der Bedürfnisse der Bewohner wie vom Vermögen des Besitzers. Brauchte man aus irgendeinem Grunde mehr Raum, so wurde nicht ein bestehendes Gebäude vergrößert, sondern ein zweiter, ähnlicher Bau errichtet; für die verschiedenen Zwecke gab es verschiedene Bauten: Wohn- und Schlafhaus lagen räumlich getrennt, das Gesellschaftshaus lag für sich, und die Wirtschaftsgebäude werden nach Bedarf hergestellt. Besonders lange hält sich dieser Brauch für die Anlage der Küche. Als durch technische Forschritte der Baukunst die Zusammenziehung vieler kleiner Bauten zu einer Hausanlage bereits lange Sitte geworden war, blieb das Küchenhaus in seiner einsamen Größe bestehen. Die Isolierung hängt vielleicht mit der Art der Feuerung zusammen, denn während bei der besseren Art des Hausbaues für die Feuerstatt im Wohnhause verbesserte Anlage und ebensolche Rauchabfuhr eingeführt ward, blieb die primitivste Art der Feuerung für die Küche noch lange beibehalten; es liegt sogar eine Notiz aus der Zeit des frühen Mittelalters vor, nach welcher ein Küchenjunge aus einer königlichen Küche entfernt werden mußte, weil er als Triefäugiger den Rauch nicht vertragen konnte. Die Feuerstatt war anfänglich für Haus und Küche dieselbe; nach einer aus dem achten Jahrhundert stammenden Beschreibung brannte „auf dem durch geschlagenen und geglätteten Lehm hergestellten Hausähren ohne weitere Vorrichtung das Feuer". Dieses offene Feuer gestattete nur eine einfache Zubereitung von Speisen, so soll das Sieden des Fleisches eher als das Braten den Germanen bekannt gewesen sein.

Der Landbau versorgte die germanischen Haushaltungen mit Körnerfrüchten, und diese standen bei ihnen in hohem Ansehen. In keiner germanischen Wirtschaft fehlt dann auch die Mühle, welche das Korn zerreibt und täglich in Betrieb gesetzt wird, damit die Mahlerzeugnisse für den zu jeder Mahlzeit frisch zubereitenden Brei verwendet werden können. Bis tief in das Mittelalter hinein reicht dieser Brauch des Mehlbreiessens. Denn das Brot kommt erst sehr spät in Gebrauch. Man konnte dies erst backen, als man die Glut des sonst nur für technische Zwecke benutzten Ofens (ein aus Steinen und Lehm errichtetes, kleines, rundes Bauwerk, das in die Erde eingegraben wurde, und bei dem auf Scherben das Feuer ringsherum loderte) gebrauchen lernte. Bei Rodenhausen hat man in Pfahlbaufundstellen solches „erstgebackenes" Brot gefunden. Es sieht unserem heutigen Brote wenig ähnlich, denn weder war die Kleie aus dem Mehl entfernt, noch war ein Lockerungsmittel im Teige gebraucht worden. Trotzdem galt das Brot als Herrenessen und als feinere Zukost. Dies mag folgende Ursache haben: Während das täglich wiederholte Breikochen nur geringe Kraft verlangte, erforderte die Zubereitung von Brot mehr Kenntnisse und vor allen Dingen einen Backofen. Die Kosten der Anlage eines eigenen Backofens konnten sich nur wohlhabendere Haushalte gestatten, besonders weil der Backofen den Bau eines eigenen Backhauses verlangte. Für die weniger Wohlhabenden entstand deshalb allmählich das Gemeindebackhaus. Heine sagt diesbezüglich wörtlich: „Die Brotbeschaffung für die großen Haushaltungen, das Hantieren an den Backöfen fordert die Kraft des Mannes, den Teig für die kleine Haushaltung des Armen zu bereiten und ihn gar zu machen, dazu reicht Frauenkraft aus. Es ist die Folge solchen uralten Verhältnisses, wenn im späteren Mittelalter, wo die Bäckerei Verkaufgewerbe geworden ist, neben dem Bäcker auch die Bäckerin als Gewerbetreibende erscheint [1]. Hier sehen wir schon, wie technische Fortschritte aus den hauswirtschaftlichen Aufgaben eine herausgreifen und dieselbe nach dem Prinzip der Arbeitsteilung organisieren. So wie der Mehlbrei dem Brote weicht, so muß auch allmählich das hausbackene Brot dem Bäckerbrot Platz machen. Irrtümlich wäre es, zu denken, daß jede Verlegung einer hauswirtschaftlichen Arbeit einer Entlastung der Hauswirtschaft gleichkäme; dies ist nicht so, denn ebenso gut wie diese Verschiebung der Arbeit die Folge technischer Vervollkommnung ist, so ist gleichfalls die Folge einer höheren Kultur das Anwachsen aller Bedürfnisse, und um diesen Bedürfnissen gerecht zu werden, erwachsen der Hausfrau bei jeder Aufgabe, welche ihr genommen wird, neue Aufgaben, welche sie zu lösen hat. Sehen wir in der Zubereitung des Brotes anstatt der des Mehlbreis eine Vereinfachung der Arbeit, so wissen wir doch, daß die Ansprüche und Kulturbedürfnisse in stetem Wachsen begriffen

---

[1] Moriz Heine, a. a. O. Bd. II, S. 297.

waren. In merkwürdigem Gegensatz zu den vielgepriesenen Leinenvorräten der teutschen Hausfrau steht eine königliche Inventarliste, welche über die Schlösser Karls des Großen geführt wurde, und nach welcher als fürstlicher Luxus der Besitz von „zwei Bettüchern, einem Hand- und einem Leinentuch" galt. Der Kulturfortschritt von zwei Bettüchern für ein königliches Schloß zu der Notwendigkeit größerer Vorräte an Leinen- und Wollsachen für den einfachen Haushalt kann als Beispiel gelten für die stetig wechselnde und wachsende Tätigkeit in der Hauswirtschaft.

Nicht nur der Technik allein verdankt die Hauswirtschaft ihr stets wechselndes Innenleben, die äußere Gewalt hat gleichfalls viel dazu beigetragen, denn sie forderte in Form gewisser Naturalleistungen ihre Steuern. So mag z. B. mancher brauberechtigte Haus- und Hofbesitzer das öffentliche Bräuhaus benutzt haben, weil das hausgebraute Bier von dem durch Gebührenabgabe an dem Gebrauch öffentlicher Anstalten interessierten Gewalthaber nicht angenommen wurde, während das aus dem Brauhaus stammende Bier als Zins willkommen war.

Die Zinsleistungen, welche in Naturalleistungen aller Art bestanden, zwangen dazu die Produkte dauerhafter und besser herzustellen. Das einstmal beliebte Rauchfleisch zum Beispiel muß dem Pökelfleisch Platz machen; die Erfahrung wird gemacht, daß nur die mit äußerster Sorgfalt hergestellte Butter haltbar ist, und Butter wie Käse waren eine hochgeschätzte Zinsleistung.

Dauerwaren kamen nicht nur als Steuerleistung, sondern auch als Bedarf für den langen Winter im eigenen Hause in Betracht; denn neben dem Konsum an frischem Fleisch und Fisch waren Hülsenfrüchte, Rüben, Möhren ein begehrtes Essen, das um so geschätzter wurde, als durch kirchliche Vorschriften das Fastenessen zur Pflicht gemacht wurde. So wurde dem Gartenbau mehr Sorgfalt gewidmet, die Kraut- und Kohlarten, welche zuerst nicht wegen des Nährwertes, sondern um der die Gesundheit fördernden Eigenschaften willen benutzt wurden, werden alsbald zum täglichen Gebrauch kultiviert.

Wir können aus dieser Beschreibung schwer ersehen, ob die Hauskommunion nun häufig oder selten vorkam, mit etwas mehr Sicherheit kann man sagen, daß die stets nur einmal vorkommende Küchenvorrichtung bei auch sonst sehr großer Hausanlage darauf hinweist, daß von einer Zentrale aus die Speiseversorgung erfolgt ist. Auch die verhältnismäßig kleine Auswahl der Speisen berechtigt zu der Folgerung, daß ein differenziertes Kochen nicht nötig war. Die großen Haushaltungen der Fürsten und adligen Besitzer waren gezwungen von einem Hof zum andern zu ziehen, damit die an einem Hofe gesammelten Vorräte aus Naturalsteuern auch richtige Verwendung fänden. Die Vorräte an Naturalien, welche aus fälligen Zinsen entstanden, wurden in Form von Naturallohn, d. h. auch des öfteren in Beköstigung, Einkleidung und Wohnung weiter gegeben; diese Art der Entlohnung wurde auch in kleineren Wirtschaften für Dienstleistungen gewährt. So wurde, wenn auch nicht ein rein familienartiges, so doch ein vielköpfiges Hauswesen jahrhundertelang durch die Form der Naturalwirtschaft erhalten.

Die Städte geben dieses Bild, wenn auch in kleinerem Maßstabe wieder. Die Frau Meisterin versorgt Gesellen und Lehrlinge. Gleichfalls drängte die Gewohnheit nur im „eigenen" Hause zu wohnen, die Familienangehörigen eng zusammen. Die verheiratete Tochter oder der vermählte Sohn durften die allgemeinen Familienräume benutzen, sie aßen mit ihren Kindern an des Vaters Tisch, konnten ihr Privatleben nur in den notdürftigsten Räumen im obersten Stockwerk oder im Hinterhause fristen. Die materielle Versorgung dieses verhältnismäßig großen Hausstandes ging von einem Willen, dem des Familienvaters aus. Dieser Wille war die zusammengeschrumpfte Gewalt des früheren pater familias, dessen Leitung einmal die Großfamilie unterstand.

Das von uns gezeichnete Bild zeigt für das germanische Hauswesen nur noch Züge einer einstmaligen Hauskommunion, es zeigt vor allem, daß neues Leben stets die veralteten Gebräuche bei Seite schaft, daß keine Verknöcherung überlebter Sitten dauernd bleiben kann.

d) die Zadruga.

Anders das genossenschaftliche Leben der Südslaven. Auch hier umfaßte die Familie in üblicher Weise mehrere Generationen und bewohnte einen Komplex von Grundstücken, den sie als ihr erbliches Stammgut betrachtete. Die Ländereien wurden nicht geteilt, sondern gemeinschaftlich in der sog. „Hauskommunion" bewirtschaftet. In dieser Hauskommunion oder Zadruga regiert wie im Clan ein Familenhaupt, ein Stazessina, Ältester, der die Kommunion mit väterlicher Gewalt leitet. Die Mitglieder der Zadruga aber besitzen gar kein persönliches Eigentum außer Waffen, Beute und Brautschmuck. Landnutzung, Arbeit und Haushalt sind völlig gemeinschaftlich. Der Stazessina weist jedem Einzelnen seine tägliche Arbeit zu, führt die

Kasse, kauft und verkauft und beherrscht das ganze Hauswesen. Wird die Zahl der verheirateten Mitgenossen zu groß, um noch aus derselben Küche leben zu können, so erfolgt nach Stämmen die Trennung und die Begründung besonderer Kommunionen[1].

Teils mag die Erhaltung der Zadruga bis zur Jetztzeit die Folge wenig individualistischer Veranlagung dieser Stämme sein, unbedingt haben aber Einflüsse fremder Gewalt die Formen des Gemeinschaftslebens miterhalten. Die Steuern, sowohl die bürgerlichen wie die kirchlichen, werden bei den slavischen Ansiedlungen nicht nach einem Ackermaß, sondern nach dem Kopf, dem Rauchfange, dem Zugvieh oder dem Besitz eines Ackerwerkzeuges[2] bemessen. Besonders die Besteuerung des Rauchfanges soll bei den armen Bevölkerungskreisen die Leute sozusagen gezwungen haben, ihre gemeinsame Küche, auch wenn sie lieber anders hätten leben mögen, beizubehalten.

Nicht nur dieses System der südslavischen Feldgemeinschaft, sondern vielmehr noch das System der Besteuerung der Feldgemeinschaft erinnert an die russische Mir und an die Dessah der Javanen. Auch hier ist die Steuer eine Kopfsteuer und nach Pierson[3], welcher die Steuerlasten der Javanen mit denen der russischen Bauern vergleicht, ist die „Gleichheit der Folgen, welche durch gleichartige Ursachen in Rußland und auf Java hervorgerufen wird, verblüffend". In Rußland ist die „Seele" die Rechnungseinheit der Landverteilung. Pierson[4] fragt diesbezüglich „bedeutet dies nun, daß eine Familie von sechs Personen immer dreimal soviel Land erhält und auch dreimal soviel Lasten aufzubringen hat, als eine Familie von zwei Personen. Man hat es oft so verstanden, aber dann hat man die Rechnungseinheit mit dem Verteilungsmaßstabe verwechselt. Es wird wohl gerechnet pro „Seele" aber den russischen Bauern wird teils mehr wie „eine Seele" zugeteilt, andere dagegen haben gar keine „Seele", was nichts Anderes zu bedeuten hat, als daß sie kein Land haben[4]."

Man sieht hieraus, daß die Landverteilung innerhalb der Mir keine gleichmäßige ist, und die Feldgemeinschaft die Mir nicht zu einer wirtschaftlichen Einheit macht, wie dies bei den Südslaven der Fall

---

[1] Dr. A. Meitzen, Artikel „Ansiedelung" im Handwörterbuch der Staatswissenschaften.

[2] Ebenda, Artikel „Feldgemeinschaft".

[3] Pierson, Leerboek der Staathuishondkunde, Bd. II, S. 315.

[4] Ebenda S. 310.

ist, sondern daß die Einheit der Mir nur darauf beruht, daß sie eine Steuereinheit ist. Dasselbe gilt für die Dessahs auf Java, wo auch die niederländische Kolonialregierung gewisse Bezirke zu Steuereinheiten gemacht hat. Hier wie dort ist der Landverband die Folge einer fremden Oberherrschaft. Wenn ab und zu bei diesen Wirtschaften Konsumtionsgemeinschaft für verschiedene Generationen einer Familie vorkommen mag, so wird dies nur der Fall sein bei den Kleinwirtschaften, wo die Erträge eines Landteiles für viele Leute reichen müssen.

Diese Konsumtionsgemeinschaft, welche in Rußland häufiger wie auf Java vorkommen soll, ist aber keine ursprünglich-wirtschaftliche; sie ist weiter nichts als die Folge von Maßregeln, die nicht von den „Feldgenossen", sondern von höheren und mächtigeren Korporationen getroffen sind; sie ist somit das Gegenteil der Kommunionen, die wir oben erwähnt haben.

Die Beispiele zentralisierter Nahrungsversorgung stehen in der Geschichte ziemlich vereinzelt da. Die Kulturstufe ist entweder eine so niedrige, daß noch kein leitender Wille in die tägliche Sphäre des Individuums eingreift, oder die Entwicklung ist bereits eine so hohe, daß die Macht des Einzelnen in die Lebensgewohnheiten des Anderen einzugreifen als Übergriff empfunden wird und der wachsende Individualismus diesen Zwang bricht. In dem letzten Fall gestaltet sich der Mensch sein Privatleben nach freiem Ermessen, d. h. er zieht das Privatleben in kleinem Familienkreise vor.

Die Abschließung der Familie nach außen führt dazu, daß die Nahrungsversorgung nach individuellem Geschmack geregelt wird, bewirkt aber auch gleichzeitig, daß diese Regelung nur nach privatwirtschaftlichen Gesichtspunkten frägt.

Zweites Kapitel.

Hauswirtschaftliche Nahrungsmittelkonsumtion.

Die moderne Volkswirtschaft, die durch die Loslösung der Produktion von der Familie dieser ihren produktiven Charakter nahm, beließ ihr noch ihre konsumtiven Aufgaben.

Letztere zu untersuchen, und wenn möglich mit denen der Anstaltsversorgung zu vergleichen oder in Beziehung zu setzen, soll die Aufgabe der nachstehenden Untersuchungen sein. Die Genußkonsumtion vollzieht sich innerhalb der Privatwirtschaft, meistens sogar innerhalb der Familie, d. h. innerhalb eines Verbandes, in dem Blutsverwandtschaft einerseits, Dienst- und Vertragsverhältnis anderseits einen engen Zusammenschluß der Angehörigen vermitteln.

Noch heute ist die Familie das Hauptzentrum, in dem die Konsumtion sich vollzieht, und es ist daher wichtig zu wissen, wie sich die einzelnen Konsumenten auf die Familie verteilen.

1. Haushaltungsstatistik.

Aus der Volkszählung vom 1. Dezember 1905 ergibt sich die genaue Gruppierung der Bewohner nach der Art ihres Zusammenlebens.

Die Reichsstatistik kennt drei Arten: die des Einzelnlebenden, die des Familien- oder gewöhnlichen Haushalts und die Anstaltsversorgung.

Die Gruppierung läßt sich für die Volkszählung von 1905 aus folgender Tabelle erkennen.

Haushaltungen	Zahl der Haushaltungen	%	Personen	%	Auf 1 Haush. kommen Personen
1. Einzelnlebende	965 759	7,3	965 759	1,6	1,0
2. Familienhaushaltungen	12 247 691	92,3	57 811 495	95,3	4,7
3. Anstalten	61 081	0,4	1 864 024	3,1	30,5
	13 274 531	100	60 641 278	100	4,6

Bei einem Vergleiche mit den Ergebnissen früherer Zählungen ergibt sich folgendes Bild:

Jahr	Familienhaushaltungen		Einzelhaushaltungen		Anstalten		Im ganzen Haushaltungen
	Zahl	%	Zahl	%	Zahl	%	
1871	8 161 298	93,5	535 508	6,1	35 113	0,4	8 731 919
1875	8 593 618	93,4	572 842	6,2	33 302	0,4	9 199 762
1880	9 004 702	93,3	604 154	6,3	43 180	0,4	9 652 036
1885	9 288 713	92,9	677 743	6,8	33 102	0,3	9 999 558
1890	9 836 560	92,6	747 689	7,1	33 674	0,3	10 617 923
1895	10 417 805	92,6	788 751	7,0	49 594	0,4	11 256 150
1900	11 308 081	92,2	870 601	7,1	81 330	0,7	12 260 012
1905	12 247 691	92,3	965 759	7,3	61 081	0,4	13 274 531

Die Schwankungen innerhalb der einzelnen Rubriken sind teils durch die Bewegung der Bevölkerung, teils durch die geänderte Methode der Erhebung entstanden. Auch sind die Schwankungen in den verschiedenen Landesteilen ganz andere als im Reiche. U. a. erreicht die Höhe der Anstaltshaushaltungen in Mecklenburg-Strelitz 1,1 %, während die Provinz Westfalen nur 0,3 % aufweist. Auch die Einzelhaushaltungen sind in Westfalen wenig vertreten, 3,8 % nur, in Schlesien dagegen erreichten sie eine Höhe von 10,9 % aller Haushalte.

Den Zahlen aus dem Jahre 1905 liegen folgende Begriffe, nach denen die Einteilung in die verschiedenen Gruppen erfolgt ist, zugrunde[1]: „Unter Haushalt ist jede Vereinigung von Personen zu einer wohn- und hauswirtschaftlichen Gemeinschaft verstanden."

Es mußte für „diejenigen einzelnlebenden Personen, die eine besondere Wohnung inne haben und eine eigene Hauswirtschaft führen", eine besondere Rubrizierung vorgenommen werden: die der Einzelhaushaltung im Gegensatz zu der gewöhnlichen oder Familienhaushaltung.

Da Schlafburschen, Zimmermieter ohne Küchenanteil keine eigene Hauswirtschaft führen, werden sie der Familienhaushaltung zugerechnet. Bezeichnet sich der Haushaltsvorstand jedoch als „Pensionsinhaber", und ist die Zahl seiner anwesenden Gäste größer als fünf, so wird seine Haushaltung zum Anstaltshaushalt. Das gleiche gilt für „diejenigen Gastwirtschaften, in denen mindestens ein vorübergehend anwesender Gast vorhanden" ist. Dagegen sind „Gast- oder Schankwirtschaften, die weniger als sechs ständig anwesende Logiergäste" haben, gewöhnliche Haushalte, wie auch die Haushaltungen ihren „statistischen Familiencharakter" nicht verlieren, wenn sie Schlafgänger und Zimmermieter aufnehmen, auch wenn diese Zahl mehr als zehn Personen beträgt.

So werden zur Anstaltshaushaltung gezählt „die Gäste eines Gasthauses, die Mitglieder eines Pensionats, die Bemannung und die Fahrgäste eines Schiffes, die in der Kaserne oder in Massenquartieren untergebrachten, in einem Arresthaus oder in einem Lazarett befindlichen Militärpersonen, die in einer Kranken-, Straf- usw. Anstalt Untergebrachten, kurz alle Personen, die freiwillig oder gezwungen unter besonderer Oberleitung in Wohnung und Kost sind."

Die Reichsstatistik bringt begreiflicherweise der Familienhaushaltung, welche sowohl nach der Zahl der Haushalte als nach der Zahl der Bewohner die größte und wichtigste Form des Zusammenlebens darstellt, ein reges Interesse entgegen. Sie sagt aber nichts

---

[1] Vierteljahrsheft z. St. d. D. R. 1907, I, S. 259.

über die heterogene Zusammensetzung des Anstaltshaushalts; nur Württemberg hat seit 1890 eine Teilung innerhalb dieser Materie eingeführt, indem die Gasthöfe, Gasthäuser, Herbergen und Pensionen von den wirklichen Anstalten geschieden werden. Das Erhebungsdatum des 1. Dezember ist für die Zahl der Gasthof- und Hotelbesucher von objektiver Bedeutung, denn diese Zahl enthält nicht die sonst in der Familie lebenden Sommerfrischler und kurbedürftigen Personen.

Die Württembergische Teilung vollzieht sich nach dem Gesichtspunkt, daß unterschieden wird zwischen Personen, die einer Hausgewalt, und solchen, welche einer Anstaltsgewalt unterliegen. Es lebten hiernach in Württemberg im Jahre 1905 in 3736 Anstalten 68 549 Personen, die sich folgendermaßen verteilten:

A. in Anstalten.

Zahl der Anstalten	Zahl der Personen zusammen	davon weiblich
1200	58 578	17 897

B. in Gasthöfen, Gasthäusern usw.

Zahl der Anstalten	Zahl der Personen zusammen	davon weiblich
2536	9971	1651

Die unter A[1] gezählten Anstalten lassen sich folgendermaßen zergliedern:

Anstalten	Zahl	Insassen männlich	Insassen weiblich	Insassen zusammen
1	2	3	4	5
1. Militärische Anstalten	79	20 153	6	20 159
2. Heilanstalten	242	6 512	8 072	14 584
3. Versorgungsanstalten	325	2 962	4 406	7 368
4. Unterrichts- und Erziehungsanstalten	125	5 249	3 957	9 206
5. Straf- und Gefangenenanstalten	150	2 723	293	3 016
6. Sonstige anstaltartige Einrichtungen	279	3 082	1 163	4 245
Summe	1200	40 681	17 897	58 578

Besonders die Beköstigung der Insassen der militärischen Anstalten kann wertvolles Material bieten, denn sie ist nach Grundsätzen geregelt, die für die Erhaltung des Menschen von wesentlicher Be-

[1] Württembergische Jahrbücher für Statistik und Landeskunde, Jahrgang 1907, S. I 124.

deutung sind. Nicht das Einkommen ist hier, wie in der Privatfamilie, das Regulativ des Verbrauchs, sondern gewissen Minimalforderungen der Diätetik muß Genüge geleistet werden.

Die Familienhaushalte, sowie die Haushalte der Einzelnlebenden, welche letzteren nach Losch in der Hauptsache als „Haushaltungsreste" von Witwern, Witwen und Geschiedenen anzusehen sind, werden großenteils von Frauen geführt. Für erstere ist die Zahl nicht, für letztere wohl festzustellen, hier beträgt sie 68,6 v. H. aller Haushalte der Einzelnlebenden.

Das Tätigkeitsgebiet in dem „gewöhnlichen" Haushalte ist von ganz verschiedener Größe — die Zahl der Mitglieder steigt von zwei bis auf elf und mehr Personen — und von ganz verschiedenem Umfange, je nach Stand und Vermögen der Haushaltenden. Auch spielt die Lage, ob Land oder Stadt, eine bedeutende Rolle. Leider gibt die Reichsstatistik in dem vorhergenannten Vierteljahrsheft zur Statistik des Deutschen Reiches nur nach der Zusammensetzung, nicht aber nach der Lage der Haushalte genaue Auskunft. Eine zusammenfassende Übersicht für das Reich veranschaulicht folgende Tabelle:

Familienhaushaltungen	Zahl der Haushaltungen	in %		Personenzahl	in %	
		1905	1900		1905	1900
mit 2 Personen	1 977 726	16,2	15,9	3 955 452	6,8	6,6
„ 3 „	2 270 590	18,5	18,2	6 811 770	11,8	11,5
„ 4 „	2 246 846	18,3	18,1	8 987 384	15,5	15,2
„ 5 „	1 915 099	15,6	15,6	9 575 495	16,6	16,4
„ 6 „	1 451 004	11,9	12,0	8 706 024	15,1	15,2
„ 7—8 „	1 623 530	13,3	13,7	11 991 494	20,7	21,2
„ 9—10 „	555 843	4,5	4,7	5 196 544	9,0	9,2
„ 11 u. mehr „	207 053	1,7	1,8	2 587 332	4,5	4,7
Im ganzen	12 247 691	100,0	100	57 811 495	100,0	100

Nach der Zahl der Familienhaushalte stehen also die drei Personen, wie die vier Personen umfassenden voran, nach der Gesamtpersonenzahl einer Gruppe ist die Haushaltung mit fünf Personen die erste, nicht wie es scheinen könnte, die sieben und acht Personen umfassende; diese ist eine Doppelgruppe, muß also als solche eine größere Zahl aufweisen.

Wenn wir die oben betrachteten Haushalte nach der Art der Zugehörigkeit ihrer Mitbewohner betrachten, bekommen wir ein weit interessanteres Bild, denn wir sehen dann, wie die Personenzahl zerfällt in Angehörige, Dienstboten und Personen, die dem Familienhaushalte, in dem sie leben, fremd sind.

Familienhaushaltungen	Familienangehörige		Dienstboten (für häusl. Dienste)		Sonstige Personen	
	Zahl	%	Zahl	%	Zahl	%
mit 2 Personen	3 584 396	90,6	78 527	2,0	292 529	7,4
„ 3 „	6 094 160	89,5	156 538	2,3	561 072	8,2
„ 4 „	8 053 579	89,6	193 369	2,2	740 436	8,2
„ 5 „	8 552 992	89,3	206 092	2,2	816 411	8,5
„ 6 „	7 737 951	88,9	183 899	2,1	784 174	9,0
„ 7—8 „	10 526 552	87,8	247 689	2,1	1 217 253	10,1
„ 9-10 „	4 378 423	84,3	121 013	2,3	697 108	13,4
11 u. mehr „	1 726 941	66,7	118 788	4,6	741 603	28,7
Im ganzen	50 654 994	87,6	1 305 915	2,3	5 850 586	10,1

Die fast sechs Millionen Menschen umfassende Gruppe der „sonstigen" Personen setzt sich hauptsächlich aus Schlafgängern, Aftermietern, Pensionären, Pflegekindern und Schülern zusammen, d. h. ungefähr ein Zehntel der Gesamtbevölkerung lebt in dem Wirtschaftsverband einer fremden Familie. Mit Ausnahme vielleicht der Pensionäre und Schüler gehören diese Menschen zum großen Teil den ärmeren Klassen an. Dies hat zur Folge, daß sie auch, weil sie nicht in der Lage sind, viel für Unterkunft auszugeben, diese bei den ärmeren Klassen finden werden. Wäre der Volkszählung überall eine Enquete über das Wohnungswesen, wie dies z. B. für die Volkszählungen von 1900, 1905 und 1910 in Württemberg der Fall ist, angegliedert gewesen, so könnte man durch einen Vergleich der Zahlen über „sonstige Personen" und der Zahl der zur Verfügung stehenden Räume dort, wo diese „sonstigen Personen" gezählt sind, ein positives Resultat in dieser Richtung erzielen. Jetzt kann man nur die Vermutung aussprechen, daß die große Zahl der Familienfremden das sittliche Niveau des Familienkreises, in dem sie Aufnahme gefunden haben, nur in den seltensten Fällen erhöhen wird[1]. Die Bestrebungen, diese Leute in eigenen Heimen, d. h. im Sinne der Statistik in Anstalten unterzubringen, scheinen damit vollständig berechtigt. Gleichfalls kann man hinzufügen, daß diese beinahe sechs Millionen Menschen das Quantum Hausarbeit erheblich erhöhen und die Arbeit der Hausfrau intensiver gestalten, ohne daß die Hausfrauen durch erhebliche materielle Vorteile belohnt werden, während die sittlichen Nachteile für alle Beteiligten unberechenbar sein können.

[1] Siehe W. v. Kalckstein, „Das Einlogierwesen in deutschen Städten", in Conrads Jahrbücher 1904, III. Folge, Bd. 28, S. 663.

Leider gibt die Reichsstatistik kein Bild über die Verteilung der Haushalte in Stadt und Land. Zwar bringt sie folgende Tabelle, in der man die Gliederung der Familienhaushaltungen in den 41 Großstädten ersehen kann. Auch wird ein Vergleich dieser Tabelle mit einer Gliederung desselben Stoffes im Reiche angestellt, aber diese Übersicht kann für unsere Zwecke nicht genügen.

(Siehe die Tabelle auf der folgenden Seite.)

Wir sehen, daß die Relativzahlen der „sonstigen Personen" im Verlauf der letzten 5 Jahre in den Großstädten von 10,9 % auf 12,8 %, im Reiche von 8,4 % auf 10,1 % gestiegen sind. Gleichfalls sehen wir, daß die Zahl der Familienangehörigen relativ abgenommen hat: in den Großstädten von 84,5 % auf 83,0 %, im Reiche von 89,1 % auf 87,6 %.

Für Württemberg (in der Bearbeitung der Volkszählung von 1905 durch Losch [1]) finden wir die Haushalte nach der örtlichen Lage gruppiert. Losch scheidet die Haushalte, welche in Gemeinden mit 5000 und mehr Einwohnern sich befinden, von denen, welche in Gemeinden mit weniger als 5000 Einwohnern sind. Letztere sind natürlich nicht alle schlechthin als „ländliche" zu bezeichnen, aber die meisten ländlichen Haushalte werden doch in dieser Zahl einbegriffen sein.

Es ergibt sich folgendes Bild für Württemberg:

Gewöhnliche Haushalte von 2 u. mehr Personen		davon: in Gemeinden mit 5000 und mehr Personen		davon: in Gemeinden mit weniger als 5000 Einwohnern	
Zahl	Personen	Zahl	Personen	Zahl	Personen
461 351	2 191 593	148 840	685 843	312 511	1 505 750

Leider hat eine amtliche Untersuchung für das Reich nach dem Württembergischen Beispiel bisher nicht stattgefunden, daher läßt sich die Verteilung der Haushaltungen auf Stadt und Land im Reiche nicht angeben.

Fassen wir die Zahl über Größe und Lage der Familienhaushalte unter einem Gesichtspunkte zusammen, so sehen wir, daß beide Arten der Rubrizierung ihre Bedeutung für die Konsumtionsfrage haben: je größer eine Familie ist, um so geringer werden prozentual sich die Betriebskosten des Konsumverfahrens stellen. Je nach der Lage des Haushalts wird für die Konsumtion das Charakteristikum in dem

[1] Württembergische Jahrbücher für Statistik und Landeskunde, S. I 18.

in Familien-haushaltungen	Familienangehörige			Dienstboten			Sonstige Personen		
	Zahl	in %		Zahl	in %		Zahl	in %	
		in den Großstädten	im Reich		in den Großstädten	im Reich		in den Großstädten	im Reich
mit 2 Personen	773 955	85,9 (91,8)[1]	90,6 (95,2)	29 415	3,3 (3,4)	2,0 (2,0)	97 366	10,8 (4,8)	7,4 (2,8)
" 3 "	1 365 655	84,6 (87,7)	89,5 (94,4)	64 829	4,0 (4,4)	2,3 (2,4)	183 264	11,4 (7,9)	8,2 (5,2)
" 4 "	1 718 682	84,6 (86,4)	89,6 (91,7)	78 766	3,9 (4,2)	2,2 (2,2)	233 400	11,5 (9,4)	8,2 (6,1)
" 5 "	1 654 953	84,2 (85,3)	89,3 (90,9)	80 416	4,1 (4,4)	2,2 (2,3)	230 711	11,7 (10,3)	8,5 (6,8)
" 6 "	1 319 447	83,6 (84,3)	88,9 (90,1)	66 110	4,2 (4,6)	2,1 (2,3)	194 195	12,3 (11,1)	9,0 (7,6)
" 7—8 "	1 492 631	82,5 (82,8)	87,8 (88,6)	77 015	4,3 (4,8)	2,1 (2,3)	239 487	13,2 (12,4)	10,1 (9,1)
" 9—10 "	514 455	79,3 (79,1)	84,3 (84,4)	30 718	4,7 (5,5)	2,3 (2,8)	103 705	16,0 (15,4)	13,4 (12,8)
" 11 u. mehr "	175 400	56,7 (55,3)	66,7 (65,3)	21 704	7,0 (9,7)	4,6 (5,9)	112 054	36,3 (35,0)	28,7 (28,8)
Im ganzen	9 015 178	83,0 (84,5)	87,6 (89,1)	448 973	4,2 (4,6)	2,3 (2,5)	1 394 182	12,8 (10,9)	10,1 (8,4)

[1] Die in Klammern gesetzten Zahlen sind die entsprechenden Verhältniszahlen für 1900.

Detaileinkauf oder in der Eigenproduktion der Nahrungsmittel zu finden sein.

Schmoller[1] berechnet, daß die Hälfte aller Haushaltungen noch „Eigenwirtschaften“ sind, d. h. solche Wirtschaften, in denen durch die eigene Produktion die eigene Konsumtion gewonnen wird. Es wäre eine Arbeit für sich, die Richtigkeit dieser Behauptung zu prüfen und nachzuforschen, inwieweit die geldwirtschaftliche Form in die Betriebe der kleinen Eigenwirtschaften Einzug gehalten hat, und in welchem Umfange die selbstgewonnenen Produkte noch in der Eigenwirtschaft verzehrt werden. Die rapide Zunahme von Milchverwertungsgenossenschaften, die hohen Viehpreise, der Geflügel-, Gemüse-, Obst- und Eiermassenkonsum in den Städten sind Fingerzeige, die darauf hinweisen könnten, daß die „Eigenwirtschaften“ nach der Seite der „Eigenkonsumtion“ bedroht erscheinen[2]. Jedoch muß hierbei beachtet werden, daß vielleicht die Viehhaltung usw. (Einfuhr) rascher gestiegen und auch rationeller geworden sein kann.

Der Mangel an Buchführung in landwirtschaftlichen, besonders in bäuerlichen Kreisen, macht es geradezu unmöglich, ein richtiges Urteil hierüber zu gewinnen.

2. Haushaltungsrechnungen im allgemeinen.

Die Statistik hat ihre Dreiteilung nach Art des Zusammenlebens für die Haushaltungen festgelegt. Gleichfalls gibt es eine Dreiteilung nach der Art der Konsumversorgung innerhalb der Haushaltungen. Diese braucht aber nicht an die Form des Zusammenlebens gebunden zu sein, sondern sie richtet sich nach der Art, wie der Haushalt sich in den Besitz der Nahrungs- und Genußmittel setzt. Wir möchten unterscheiden:

1. Wie die großen Anstaltshaushaltungen durch das Prinzip der öffentlichen Bekanntmachung die Lieferung gewisser Warengattungen durch Vertrag vereinbaren und Engroseinkaufspreise erzielen.

2. wie die nicht ländlichen Haushalte nach Maßgabe ihrer Einkommen die Lebensmittel gegen Detailpreis einkaufen,

3. wie die ländlichen Haushalte durch Eigenproduktion ihre Hauptlebensmittel in eigener Wirtschaft gewinnen.

Die reinen Typen, wo ausschließlich nach dem ersten, zweiten oder dritten Prinzip gewirtschaftet wird, werden wohl am meisten

---

[1] Schmoller, Grundriß, Teil I, S. 322.

[2] Siehe hierüber Grotjahn, Wandlungen in der Volksernährung. Kaup, Ernährung und Lebenskraft der ländlichen Bevölkerung.

in der zweiten Gruppe zu finden sein; im übrigen werden Zusammenlegungen dieser drei Arten der Nahrungsversorgung häufig vorkommen.

Die Kosten des Nahrungsaufwandes in den drei obengenannten Kategorien von Haushaltungen werden wir später, soweit eine Vergleichsmöglichkeit gegeben ist, einander gegenüberstellen. Vorbedingung zu diesem eventuellen Vergleich ist, daß wir über die genauen Konsumtionskosten unterrichtet sind, mit anderen Worten, daß uns Haushaltungsbudgets über die verschiedenen Wirtschaftsweisen zur Verfügung stehen.

Über die Anstaltshaushaltungen sind wir, was Beköstigung und Aufwand derselben anbetrifft, für die Soldaten des Landheeres genau unterrichtet; dagegen bietet das Material aus Krankenhäusern, Armenanstalten usw. nicht nur wegen der oft verwickelten Berechnung der Beköstigungssumme wenig Anhalt, sondern es handelt sich bei dergleichen Anstalten meist um die Verpflegung solcher Individuen, die nicht voll und ganz arbeitsfähig sind, und daher kein gutes Vergleichsobjekt abgeben würden.

Auch für die ländlichen Haushaltungen läßt sich kaum Material beibringen; die Naturalwirtschaft ergibt eigenartige Schwierigkeiten der Buchführung, und nur aus genau geführten Haushaltungsbüchern läßt sich die Art der Ernährung und die Menge der verbrauchten Nahrungsmittel schätzungsweise feststellen.

Da die Buchführung in landwirtschaftlichen Betrieben sehr oft im Argen liegt, so ist es bis jetzt dem Statistiker noch nicht gelungen, über diese für die Volkswirtschaft und Volksgesundheit so wichtigen Kreise der Bevölkerung genügend Material zu sammeln, aus dem mit wissenschaftlicher Sicherheit Schlüsse zu ziehen wären.

Anders dagegen liegen die Verhältnisse für die städtischen Haushalte. Hier haben wir mehr oder minder genaues, wenn auch nicht sehr reichlich zur Verfügung stehendes Material. In dem Artikel „Konsumtion“ im Handwörterbuch der Staatswissenschaften haben Lexis und Bauer sowohl das Tatsachenmaterial als auch die Literaturangabe über diese Frage übersichtlich geordnet. In dem zweiten Sonderheft zum Reichsarbeitsblatte wird die Literaturangabe für In- und Ausland bis zum Jahre 1909 ergänzt.

Für Deutschland stellte zuerst Ernst Engel in den fünfziger Jahren nach Vorbild von Ducpétiaux und Le Play in Frankreich und von Quetelet in Belgien, Erhebungen über Haushaltungsbudgets an, um damit der Lehre von der Konsumtion eine Tatsachenbasis zu geben.

Aus der Haushaltungsführung der einzelnen Familie ist die Kaufkraft derselben zu erkennen. Die Nachfrage nach Konsumtionswaren hat, weil sie in Deutschland von 12247691 Familienhaushalten ausgeht, nicht nur lokale, sondern volks- und weltwirtschaftliche Bedeutung. Die Wichtigkeit der Konsumtionsfrage liegt in der Häufung des täglich wiederkehrenden Unscheinbaren. Hätten wir von der nach Wohlhabenheitsstufen eingeteilten Bevölkerung genügend Haushaltungsrechnungen, so könnten wir einen interessanten Einblick in Art, Verteilung und Umfang des Güterverbrauchs eines bestimmten Volkes bekommen. Leider ist es sehr schwer, gute Haushaltungsrechnungen in genügender Menge zu erhalten, und es ist bis jetzt nicht gelungen, ausreichend Material über die verschiedenen Wohlhabenheitsklassen zu sammeln. Je höher die Einkommen sind, um so weniger Budgets liegen über die Haushalte, in denen diese Einkommen zerfließen, vor. Und wenn wenig Haushaltungsrechnungen innerhalb einer Wohlhabenheitsgruppe für die Bearbeitung zur Verfügung stehen, so ist es schwer, zu unterscheiden, ob wirklich typische Verhältnisse oder nur Einzelfälle untersucht worden sind. Kurz und gut, wir haben für Deutschland nur für den Arbeiter- und Mittelstand einigermaßen ausreichendes statistisches Material bezüglich der Konsumtionsfrage.

Engel, wie sein Zeitgenosse Schwabe, haben Regelmäßigkeiten in gewissen Konsumtionsquoten (Engel für die Nahrungs-, Schwabe für die Wohnungsausgaben) festgestellt und diesen Regelmäßigkeiten in Form von „wirtschaftlichen Gesetzen" Ausdruck gegeben.

Das Engelsche Gesetz aus dem Jahre 1857 lautet: „daß, je ärmer eine Familie ist, ein desto größerer Anteil von der Gesamtausgabe zur Beschaffung der Nahrung aufgewendet werden muß." Schwabe ergänzte (1868) dieses Gesetz, indem er sagte: „Je wohlhabender eine Familie ist, eine um so größere Summe, aber um so weniger Prozente der Gesamtausgaben verwendet sie durchschnittlich auf Wohnungsmiete."

Engel, der sich gegen die Annahme eines exakten Eintreffens von Durchschnittszahlen für den Einzelfall wendet, hat den Prozentanteil der Ausgaben für die Nahrung berechnet. Er stellte eine Tabelle[1] auf, in der rechts die jährlichen Familieneinkommen, links die Prozentsätze für den Nahrungsverbrauch notiert waren. Engel fängt mit einem Jahreseinkommen von 160 Mk. an, steigert je um

[1] H. W. B. d. S. W. Bd. V (2. Auflage), S. 320.

80 Mk. dieses Einkommen bis zu 2400 Mk., und die Prozentsätze für Nahrung fallen von 72,96 % bei 160 Mk. bis zu 56,90 % bei 2400 Mk. Einkommen.

Eine viel weitergehende Untersuchung hat in den achtziger Jahren des vergangenen Jahrhunderts Mulhall angestellt. Nicht das Einkommen der Familie war sein Ausgangspunkt, sondern des Gesamteinkommen eines Staates, und als er dieses schätzungsweise festgestellt hatte, berechnete er gleichfalls schätzungsweise die Ausgaben für Nahrung in dem betreffenden Staate. Schmoller[1] sagt: „So angreifbar die Zahlen sind, wir führen sie, auf deutsches Geld umgerechnet, doch an“:

in Millionen Mark

Staaten	Das Gesamt-Einkommen	Für die gesamte Ernährung gab man aus	In Prozenten der Einnahme fiel auf die Ernährung	Die Ausgabe für alles übrige betrug pro Kopf
Vereinigtes Königreich	24 940	9 460	37,8 %	420 Mk.
Frankreich	19 300	7 740	40,1 %	300 „
Deutschland	17 000	8 800	51,8 %	180 „
Rußland	16 960	10 220	60,1 %	80 „
Österreich-Ungarn	12 040	6 400	53,1 %	144 „
Italien	6 900	3 720	54,0 %	120 „
Vereinigte Staaten	28 400	10 680	37,6 %	340 „

Auch diese Tabelle bestätigt das Engelsche Gesetz. Gleichfalls eine von Schmoller zitierte, aus einem französischen Werke über Haushaltungsrechnungen entnommene Tabelle[2], spricht für die Gesetzmäßigkeit des Verhältnisses von Einkommen und Nahrungsaufwand.

	Es kamen Gesamtausgaben auf den Kopf jährlich in Francs				
	50—100	200—250	500—600	1000—1500	2—3000
	Danach betrugen die Ausgaben in Prozenten				
für Nahrung	61,8	54,6	49,46	28,0	19,2
„ Kleidung	16,2	15,4	16,2	8,0	2,2
„ Wohnung	5,4	6,7	10,6	6,7	7,5
„ Heizung	5,4	4,7	5,2	3,1	2,2
„ alle anderen Ausgaben blieben	11,2	18,6	18,54	54,2	68,9
	100	100	100	100	100

[1] Schmoller, Grundriß, II. Teil, S. 141.
[2] Ebenda S. 142.

Im allgemeinen stellt die Genußkonsumtion prozentual und absolut den wichtigsten Posten auf den niedrigen Ausgabenbudgets dar. Unter dem Begriff Genußkonsumtion fallen: die Nahrungs- und Genußmittelkonsumtion, die Wohnungsmiete mit Feuerung und Beleuchtung, die Kleidung und die Kosten für persönliche Dienste.

Nahrungsmittelkonsum und Wohnungsmiete sind die Hauptposten, jedoch werden ihre Prozentsätze durch die Kopfstärke der Familie stark beeinflußt, und zwar so, daß bei wachsender Kopfzahl ein regelmäßiges Wachsen der Nahrungsausgaben für die Familie vorliegt, während für die Wohnungsmiete gerade das Gegenteil eintritt.

Familien mit einer Ausgabe von . . . Mk.

(Erhebung vom K. Stat. Amt.)

Wohlhabenheits-stufen	unter 1200 Mk.	1200—1600 Mk.	1600—2000 Mk.	2000—2500 Mk.	2500—3000 Mk.	3000—4000 Mk.	4000—5000 Mk.	über 5000 Mk.	über-haupt
Von der Gesamtausgabe entfielen in Prozenten auf:									
1. Nahrungs- und Genußmittel . .	54,2	54,6	51,0	48,1	42,7	38,1	32,8	30,3	45,5
2. Wohnung . . .	20,0	17,2	18,0	17,6	18,0	18,5	19,3	14,9	18,0

Die kleinere Wohnung für die größere Familie bedeutet nicht nur eine Einschränkung für das tatsächliche Wohnbedürfnis, sondern auch eine Einengung für den Raum, wo Nahrungsvorräte aufgehoben werden können. Praktisch bedeutet dies für den Konsum, daß bei steigender Konsumtionausgabe die Nachteile des Detaileinkaufes schärfer empfunden werden, für die Beteiligung an der hauswirtschaftlichen Arbeit eine Kraftvergeudung für die Wirtschaftende.

3. Speziellere Untersuchungen über Haushaltungsrechnungen.

Es würde zu weit führen, alle Erhebungen, die seit Engel innerhalb oder außerhalb Deutschlands über dieses Thema veröffentlicht sind, zu besprechen. Die allerneuesten Erscheinungen auf dem Gebiete der Haushaltungsrechnungen sollen hier nur kurz berücksichtigt werden.

Als größte und wichtigste Erhebung kann das zweite Sonderheft zum Reichsarbeitsblatte „Wirtschaftsrechnungen minderbemittelter Familien im Deutschen Reiche" gelten. Auch der deutsche Metallarbeiterverband hat sich bemüht, durch eine Veröffentlichung von „320 Haushaltsrechnungen von Metallarbeitern" Material zusammenzustellen. Leider ist diese Veröffentlichung, vermutlich durch Unzulänglichkeit der zur Verfügung stehenden Geldmittel, nicht ausreichend mit Urmaterial ausgestattet; auch ist die Bearbeitung mehr eine tendenziöse als objektiv-wissenschaftliche. Dadurch ist mit diesem der Öffentlichkeit übergebenen Material wenig anzufangen. Auch die Publikation des Reichsstatistischen Amtes weist Mängel [1] auf, durch die reiche Tabellensammlung sind aber ihre Zahlen auch noch zu anderen Zwecken verwendbar und lassen sich dort neue Gesichtspunkte gewinnen. Dann ist noch zu nennen die „Wirtschaftsführung und Haushaltungsaufwand deutscher Volksschullehrer" von W. Gerloff in Band XXX des Archivs für Sozialwissenschaft und Sozialpolitik, eine Arbeit, die zwar vom Gesichtspunkt der hauswirtschaftlichen Konsumtion in Verbindung mit volkswirtschaftlicher Frauenarbeit wenig Anhaltspunkte bietet, aber wegen der anregenden Wirkung, die sie auf diese Arbeit überhaupt ausgeübt hat, und um vieler zwischen den Zahlen zerstreuter Bemerkungen willen nicht vergessen sein soll.

Ein Mangel aller Haushaltungsrechnungen ist, wie Gerloff sagt, daß „hier die Statistik, wie fast immer keine Qualitäten, sondern nur Quantitäten erfassen kann, und auch darüber verweigern die meisten Haushaltungsrechnungen die Auskunft, ganz abgesehen davon, daß Verwertung und Ausnutzung der Nahrungsmittel recht verschieden sein können. Wer es jemals versucht hat, eine Haushaltungsrechnung zu führen oder zu erheben, wird die Gründe für das Fehlen ausreichender Mengeangaben kennen. Die erschöpfende Erfassung sämtlicher verbrauchter Lebens- und Genußmittel ist nur möglich, wenn der Selbstbeobachter sozusagen mit dem Rechnungsbuch in der einen und der Wage in der andern Hand lebt. Daher ermangeln auch die meisten haushaltungsstatistischen Publikationen der Verbrauchsangaben entweder vollständig oder doch zum weitaus größten Teil. So gibt z. B. auch die durch das Kaiserlich Statistische Amt bearbeitete Erhebung von Wirtschaftsrechnungen minderbemittelter Familien im Deutschen Reiche, die sich auf 852 Familien erstreckt, nur bei 210 Familien und für nur 9 Nahrungs- und Genußmittel die konsumierten Mengen an" [2].

---

[1] Siehe hierüber Artikel Gerloff in Zeitschrift für die gesamte Staatswissenschaft 66, Heft 1.

[2] Gerloff, Wirtschaftsführung usw. S. 390.

Der Vorstand des deutschen Metallarbeiterverbandes meint sich dieser Aufgabe dadurch entledigen zu können, indem er von der Annahme ausgeht, daß „von einer Ermittlung der gekauften Mengen Abstand genommen werden konnte in der Voraussetzung, daß sich der Verbrauch bei genauer Angabe des Einzelpreises aus dem gesamten Preise berechnen läßt." Ein Rückschluß, der natürlich nicht zulässig ist.

Ebensowenig ist es berechtigt, die Haushaltungsrechnungsstatistik, weil sie eine unvollkommene ist, überhaupt ausschalten zu wollen. Wenn auch die Qualität der konsumierten Waren in den meisten Fällen unberücksichtigt bleibt, so müssen wir uns trotzdem mit der Menge dieser Waren befassen, denn wenn auch die Nahrung des Menschen nicht zur reproduktiven Konsumtion gehört, so ist diese Vernichtung von Sachgütern nur deshalb vorgenommen, um andere Werte, d. h. Qualitäten bei den Menschen zu schaffen; die physische Qualität des Menschen basiert zum Teil auf den absorbierten Nahrungsmengen, und die geistigen und seelischen Eigenschaften auf einem gewissen Vorrat von physischem Wohlbefinden.

Die Ausgabenquoten für Nahrung steigen oder sinken bei niederem oder höherem Einkommen. Daher müssen wir das Einkommen als solches etwas näher betrachten. Sehen wir diese Einkommen in den drei zitierten Bearbeitungen von Haushaltungsrechnungen an, so sehen wir, daß nur wenige aus einer Quelle fließen: bei 9% oder 78 Haushaltungsrechnungen in der Bearbeitung des Kaiserlich Statistischen Amtes, bei 3,4% oder 11 Haushaltungen der Metallarbeiter, bei keiner der Haushaltungen der Gerloffschen Untersuchung ist dies der Fall.

Die Erhebung des Kaiserlich Statistischen Amtes kennt sieben Arten der Einnahmequellen:

1. Arbeitsverdienst des Mannes,
2. Nebenverdienst des Mannes,
3. Einnahme der Ehefrau,
4. Beiträge der Kinder,
5. Untervermietung,
6. Sonstige bare Einnahmen,
7. Naturaleinnahmen.

Der Metallarbeiterverband unterscheidet nur vier Einnahmequellen und zählt sie in folgender merkwürdigen Reihenfolge auf:

1. Verdienst der Familienangehörigen,
2. Unterstützungen,
3. Sonstige Einnahmen

und als letztes

4. Verdienst des Mannes.

Gerloff hat die genaueste Zerlegung des Einkommens vorgenommen; diese ist allerdings durch den Stand seiner Untersuchungsobjekte gegeben; er zieht außer den oben erwähnten Einkünften noch solche aus Mietsentschädigung, Remuneration, Privatunterricht, landwirtschaftlicher Tätigkeit und aus Vermögensanfällen in Betracht.

Für diese Arbeit, deren Aufgabe es ist, die Einkommenbeschaffung in Verbindung zur Frauenarbeit zu setzen, ist es wesentlich zu wissen, welcher Anteil der Einnahme auf Verdienst der Frau entfällt. Die drei oben genannten Schriften werden daher nach der Art des Zusammenfließens der Einnahmen in bezug auf Mitverdienst der Frau untersucht.

a) II. Sonderheft des Reichsarbeitsblattes. In dieser Erhebung, in der 852 Rechnungen bearbeitet worden sind, finden sich in weniger als einem Drittel der Haushaltungen Einnahmen der Ehefrau aus Erwerb, in ungefähr einem Viertel der Familien liegen Einnahmen aus Abvermietung vor. Wenn wir die Gesamtzahl der Familien betrachten, ergibt sich (Seite 27* des Textes) für die Durchschnitts- und Verhältniszahlen, die nach Wohlhabenheitsstufen berechnet sind, folgendes Resultat:

(Siehe die Tabelle auf Seite 40.)

Dieses Ergebnis gibt aber in bezug auf die Erwerbstätigkeit der Frau ein getrübtes Bild, weil die Durchschnittszahlen in ihrer Wirkung durch die zwei Drittel der Familien, in denen keine Erwerbstätigkeit der Ehefrau vorliegt, abgeschwächt sind. Die Erhebung erstreckt sich nicht auf einen Stand als solchen, sondern behandelt die verschiedenen Einkommenstufen; es wurden sowohl Haushalte von Arbeitern als auch von Lehrer- und Beamtenfamilien untersucht. Die Lehrer- und Beamtenfamilien weisen aber kaum Nebenverdienst der Hausfrau auf. Daher ändert sich das Ergebnis sehr, wenn die Haushaltungen ohne Einnahmen der Frau von denen mit Nebenverdienst der Frau getrennt werden.

In 271 von den 852 Haushaltungen fließt aus Frauenerwerb eine Einnahme; dieser Verdienst schwankt zwischen 1200 Mk. und 20 Pfg. pro Jahr, oder zwischen 38,4 % und 0,00 % des Gesamt-

Wohlhabenheitsstufe	Familien mit Ausgaben	Zahl der Haushaltungen	Durchschnittliche Einnahmen in Mark (nur für Mannesverdienst u. Nebenerwerb, wie für Einnahmen der Frau berechnet)			Vom Hundert dieser Einnahmen entfallen auf			
			Arbeitsverdienst des Mannes	Nebenerwerb des Mannes	Einnahme der Ehefrau	Arbeitsverdienst des Mannes	Nebenerwerb des Mannes	Einnahmen der Ehefrau	Untervermietung
I.	unter 1200 Mk.	13	928,54	5,50	126,15	82,8 %	0,5 %	11,3 %	0,7 %
II.	1200—1600 "	171	1 181,26	22,01	58,31	88,4 %	1,5 %	4,0 %	0,6 %
III.	1600—2000 "	234	1 526,85	49,61	50,25	84,1 %	2,7 %	2,8 %	3,0 %
IV.	2000—2500 "	190	1 765,34	41,36	96,07	80,4 %	1,9 %	4,4 %	3,0 %
V.	2500—3000 "	103	2 139,97	69,55	58,42	80,9 %	2,6 %	2,2 %	2,0 %
VI.	3000—4000 "	102	2 644,66	75,91	36,28	81,5 %	2,3 %	1,1 %	1,0 %
VII.	4000—5000 "	34	3 161,04	75,88	—	81,6 %	1,9 %	—	0,8 %
VIII.	über 5000 "	5	3 328,90	550,12	—	59,4 %	9,8 %	—	2,8 %
—	—	852	—	—	—	82,4 %	2,3 %	2,7 %	1,7 %

einkommens. Anders berechnet: die Einnahmen der Hausfrau betragen 62,8 % bis 0,00 % der Manneseinnahmen (d. i. Verdienst und Nebenerwerb des Mannes zusammengerechnet).

(Siehe die Tabelle auf S. 42 u. 43.)

Diese spezielle Untersuchung scheint in Widerspruch zu der generellen amtlichen Auffassung [1], daß die „durchschnittliche Einnahme der Ehefrau mit wachsender Kopfzahl sinkende Tendenz habe" zu stehen. Kopfzahl und Kinderzahl ist gewiß nicht dasselbe, aber die amtliche Behauptung ist durch Beobachtung des Gesamtmaterials gewonnen, da die mitverdienenden alten Verwandten und erwachsenen Kinder, die nicht als Familienangehörige im engeren Sinne gelten, nicht nur die Kopfzahl erhöhen, sondern gleichfalls die Einkünfte steigern. Die 271 untersuchten Familien sind nicht auf Aftervermietung, sondern nur auf Erwerbsarbeit der Frau geprüft worden. Die größere Kinderzahl, und ebenfalls Kinderlosigkeit, scheint Ursache für die Erwerbstätigkeit der Frau zu sein: die Gesamtdurchschnittszahl der Kinder unter 15 Jahren beträgt für die 852 Haushalte 2,2, sie steigt bis 2,4 für die 271 später untersuchten Haushaltungen. Es ist selbstverständlich, daß die große Zahl kleiner, erwerbsunfähiger Kinder ein trauriger Grund für die haupt- oder nebenberufliche Erwerbsarbeit der Hausfrau ist.

Bei der Berechnung des Prozentsatzes der Einnahmen der Ehefrau bei 852 Haushalten beträgt der Satz nur 2,7 % des Gesamteinkommens oder 3,1 % der Einnahmen des Mannes, während bei der spezialisierten Berechnung die Einnahmen der Frau 6,8 % der Einnahmen des Mannes betragen.

b) Bei der Bearbeitung des Materials des Metallarbeiterverbandes liegt die Möglichkeit eines Vergleiches, wie er oben gemacht ist, nicht vor, weil die Einnahmen der Ehefrau nicht von den Einnahmen der sonstigen Familienangehörigen geschieden worden sind. Ein gewisses Resultat für unsere Beobachtung wurde trotzdem erreicht, weil wir uns sagten: wo der Mann unter 30 Jahre alt ist, und die Zahl der Erwachsenen nur zwei beträgt, da ist anzunehmen, daß die andere Hälfte der zwei Erwachsenen die Frau sein muß. Jedenfalls können aus Tätigkeit der Kinder noch keine nennenswerten Einnahmen erwachsen. Das gleiche Verfahren stellten wir an für die Haushaltungen, in denen der Ehemann bis 35 Jahre alt ist und die Zahl der Erwachsenen gleichfalls nur zwei betrug. Das Resultat

[1] Ebenda S. *24.

Vergleichende
der Gesamtzahl der Haushaltungen mit der Zahl derjenigen

Die Haushaltungen verteilen sich auf:	Großstädte		Mittelstädte	
a.[1]	701 Haushaltungen		81 Haushaltungen	
b.	**254 Haushaltungen**		**12 Haushaltungen**	
a.	3212 Personen		405 Personen	
b.	**1163 Personen**		**72 Personen**	
a.	692 Ehepaare 6 Witwer *2 Witwen 1 Sohn als Haush.-Vorst. 1586 Kinder u. 15 J. 148 erw. Kinder 85 sonst. Personen		81 Ehepaare — — — 207 Kinder u. 15 Jahren 20 erwachsene Personen 16 sonstige Personen	
Auf 1 Haushaltung kommen Kinder unter 15 Jahren . .	2,2		2,5	
b.	**254 Haushaltungen** mit **591 Kinder u. 15 J.** **41 erw. Kinder** **23 sonst. Personen**		**12 Haushaltungen** **42 Kinder u. 15 Jahr.** **4 erwachsene Kinder** **2 sonstige Personen**	
Auf 1 Haushaltung kommen Kinder unter 15 Jahren. .	**2,3**		**3,5**	
	Mark	%	Mark	%
a. Verdienst + Nebenverdienst des Mannes	1 273 226,05	84,8	150 697,38	84,7
Verdienst der Frau	49 226,39	3,3	1 635,21	0,9
Sonstige Einnahmen . . .	177 645,29	11,9	25 569,41	14,4
Gesamteinnahmen	1 500 097,73	100	177 901,00	100
	Mark	II ist von I %	Mark	II ist von I %
b. I. **Verdienst + Nebenverdienst der 271 Haushaltungs-Vorstände**	**731 227,29**		**16 401,07**	
II. **Verdienst der Frau (ohne 2 Witwen*)**	**45 921,50**	**6,2**	**1 635,21**	**9,9**

war: in 30 von den 62 Familien, in denen der Mann unter 30 Jahre alt war, verdiente die Frau mit, und zwar war der höchste Verdienst 503,75 oder 48,6 % des Mannesverdienstes, der niedrigste 5 Mk. oder 0,4 % des Mannesverdienstes pro Jahr. Die Gesamteinnahmen

[1] a = Haushaltungen nach dem Reichsarbeitsblatte,
b = Haushaltungen, in denen Frauenerwerbsarbeit vorliegt.

Tabelle
Haushaltungen, in denen Frauenerwerbsarbeit vorliegt.

Kleinstädte	Landstädte	Plattes Land	Zusammen
34 Haushaltungen **1 Haushaltung**	16 Haushaltungen **1 Haushaltung**	20 Haushaltungen **3 Haushaltungen**	852 Hauhaltungen **271 Haushaltnngen**
161 Personen **4 Personen**	71 Personen **2 Personen**	103 Personen **15 Personen**	3952 Personen 1256 Personen
32 Ehepaare 1 Witwer — 1 Sohn als H.-Vorst. 47 Kinder u. 15 J. 4 erw. Kinder 17 sonst. Personen	15 Ehepaare 1 Witwer — — 30 Kinder u. 15 J. 1 erw. Tochter 9 sonst. Personen	20 Ehepaare — — — 51 Kinder u. 15 J. 1 erw. Tochter 11 sonst. Personen	840 Ehepaare 8 Witwer 2 Witwen 2 Söhne als Haush.-Vorst. 1948 Kinder unter 15 J. 174 erw. Kinder 138 sonst. Personen
1,4	1,9	2,5	2,2
1 Haushaltung	**1 Haushaltung**	**3 Haushaltungen**	**271 Haushaltungen**
0 Kinder u. 15 J. **2 erw. Kinder** **0 sonst. Persouen**	**0 Kinder u. 15 J.** **0 erw. Kinder** **0 sonst. Personen**	**9 Kinder u. 15 J.** **0 erw. Kinder** **0 sonst. Personen**	**642 Kinder u. 15 J.** **47 erw. Kinder** **26 sonst. Pcrsonen**
—	—	**3,0**	**2,4**

Mark	%	Mark	%	Mark	%	Mark	%
81 113,39	87,9	37 382,41	77,4	39 272,78	80,1	1 581 692,01	84,7
240,00	0,3	48,00	0,1	192,00	0,4	51 341,60	2,7
10 992,12	11,8	10 841,87	22,5	9 570,83	19,5	234 618,52	12,6
92 345,51	100	48 272,28	100	49 035,61	100	1 867 652,13	100
Mark	II ist von I %	Mark	II ist von I %	Mark	II ist von I %	Mark	II ist von I %
2 360,00		**1 113,00**		**5481,38**		**757 482,74**	
240,00	**10,1**	**48,00**	**4,3**	**192,00**	**3,5**	**51 341,60**	**6,8**

der Frau betrugen 5431,50 Mk., oder 181,05 Mk. durchschnittlich pro Familie, gegen 39 409,88 Mk. oder 1313,66 Mk. Durchschnittsverdienst des Mannes, d. h. die Einnahmen der Frau waren durchschnittlich 13,77 % der Einnahmen des Mannes. In 60 Fällen, in denen der Mann 30—35 Jahre alt war, lag Erwerbstätigkeit der Ehefrau vor, und zwar von 2,1 % steigend bis 52,3 % der

Manneseinnahmen; dem Gesamtverdienst der Frau, 11146,63 Mk., stand ein Gesamtverdienst des Mannes von 85917,75 Mk. gegenüber, durchschnittlich berechnet standen 185,77 Mk. Einnahmen der Frau 1431,96 der Einnahmen des Mannes gegenüber, oder 12,97 %.

Die durchschnittliche Kinderzahl war bei den 30 Familien 1,9 pro Familie und 2,6 bei den 60 älteren Familien. Für die verhältnismäßig jungen Hausstände ist auch die hohe Kinderzahl mit ausschlaggebend für die Notwendigkeit der Frauenerwerbsarbeit.

c) Die Erhebung über die Wirtschaftsführung und den Haushaltungsaufwand deutscher Volksschullehrer lehrt, daß von den Haushaltungen nur in zwei Fällen Einnahmen aus Nebenerwerb der Frau zu verzeichnen sind, 45—113 Mk. oder 1,65—4,6 % der Gesamteinnahmen. Es soll dahingestellt sein, ob diese Fälle als „typisch“ verwendet werden können.

Die Untersuchung über das Einkommen, soweit es durch Einnahmen aus Erwerb von Mann und Frau zusammengesetzt ist, wollen wir hiermit abschließen. Für diese Arbeit ist es nicht angebracht, die anderen Einnahmequellen näher zu untersuchen. Die einzige Einnahmequelle, welche in Betracht kommen könnte, wäre die aus Aftervermietung; sie läßt sich schwer bestimmen und greift in ihrer Wirkung auf alle Ausgabenposten ein, und wird daher außer Betracht gelassen.

Die Untersuchung über das Einkommen zeigte, daß in dem Familienhaushalt es der Mann ist, welcher durch seine Arbeit den größten und wesentlichen Teil der Einnahmen beschafft.

Belastung des Haushaltungsbudgets durch den

Gruppierung der Ausgaben	Familien mit einer					
	unter 1200 Mk. 13 Familien		1200-1600 Mk. 171 Familien		1600-2000 Mk. 234 Familien	
	Durchschn.-ausgaben Mk.	%	Durchschn.-ausgaben Mk.	%	Durchschn.-ausgaben Mk.	%
Gesamtausgabe	1074,18	100	1437,28	100	1801,93	100
davon für Nahrung	582,51	54,2	784,51	54,6	918,19	51,0
und zwar für tierische Nahrungsmittel .	284,79	26,5	411,62	28,5	493,51	27,3
pflanzliche "	204,54	19,1	246,36	17,3	287,73	16,1
Sonstige Nahrungs- und Genußmittel	93,18	8,6	126,53	8,8	136,95	7,6

Diese Einnahmen pflegen durch die Hände der Frau als Ausgaben der Wirtschaft wieder zu entfliehen. Die Frau, ob sie nun als Wirtschafterin im eigenen Haushalte oder als Wirtschafterin und Erwerbstätige auftritt, hat das Gleichgewicht zwischen Einnahmen und Ausgaben zu halten. Es wäre falsch, im ersten Falle von der Hausfrau als „Nurkonsumentin" zu sprechen, denn wenn sie auch nicht direkt zur volkswirtschaftlichen Produktion beiträgt, so schafft ihre erhaltende Kraft doch imponderable Werte, die von großem Einflusse auf die Volkswirtschaft sind.

Wir haben bei der Betrachtung der Zusammensetzung des Einkommens aus den verschiedenen Einnahmequellen gesehen, welch ein Aufwand von Arbeit erforderlich ist, um diesen Posten zustande zu bringen. Wie steht es nun um den Revers dieser Sache, wie zerrinnt das mühsam Errungene?

Die Ausgaben werden der Benennung nach in ziemlicher Regelmäßigkeit auf den Budgets aller Haushaltenden erscheinen. Die absoluten Zahlen für Nahrung, Genußmittel, Kleidung, Wohnung, Feuerung und Beleuchtung, persönliche Dienste, Vor- und Fürsorge, Ersparnisse usw. werden beim steigenden Einkommen zunehmen, sie werden, je nach der sozialen Lage der Wirtschaftenden, entsprechend differieren und in ihrer Größe und Bedeutung für den Wirtschaftenden eine verschiedene Wirkung haben. Wir wollen hier, obwohl Kleidung, Wohnung, Feuerung und Beleuchtung, wie persönliche Dienste in dem Privathaushalte zur Genußkonsumtion gehören, nur die Nahrungs- und Genußmittelkonsumtion betrachten.

Konsum von Nahrungsmitteln. (Reichsarbeitsblatt.)

Gesamtausgabe von . . . Mark									
2000–2500 Mk. 190 Familien		2500–3000 Mk. 103 Familien		3000–4000 Mk. 102 Familien		4000–5000 Mk. 34 Familien		über 5000 Mk. 5 Familien	
Durchschn.-ausgaben Mk.	%	Durchschn.-ausgaben Mk.	%	Durchschn.-ausgaben Mk.	%	Durchschn.-ausgaben Mk.	%	Durchschn.-ausgaben Mk.	%
2 212,76	100	2 713,64	100	3 386,40	100	4 332,72	100	5 868,43	100
1 063,90	48,1	1 157,99	42,7	1 290,63	38,1	1 423,12	32,8	1 780,43	30,3
557,67	25,1	639,18	23,5	698,89	20,5	775,01	17,9	977,71	16,1
321,03	14,5	340,79	12,7	385,61	11,4	425,91	9,8	470,51	8,0
185,20	8,5	178,02	6,5	206,13	6,2	222,20	5,1	332,21	5,7

Die Tendenz der Belastung des Nahrungskonsums für das einzelne Budget haben wir durch die Erfahrungen Engels kennen gelernt.

Das 26. Sonderheft des Reichsarbeitsblattes bestätigt, wie die obenstehende Tabelle zeigt, die Annahme Engels und ebenso die nach demselben Prinzip zusammengestellte Tabelle aus dem Material des Metallarbeiterverbandes.

Belastung des Haushaltungsbudgets durch den Konsum von Nahrungsmitteln. (Metallarbeiterverband.)

Gruppierung der Ausgaben	unter 1200 Mk. 12 Famil.		1200 bis 1600 Mk. 80 Famil.		1600 bis 2000 Mk. 116 Famil.		2000 bis 2500 Mk. 91 Famil.		über 2500 Mk. 21 Famil.	
	Mk.	%	Mk.	%	Mk.	%	Mk.	%	Mk.	%
Gesamtausgaben (durchschnittl.)	1145,93	100	1440,69	100	1759,02	100	2148,56	100	2643,95	100
davon f. Nahrung	640,18	55,9	805,89	55,9	936,77	53,2	1118,01	52,0	1408,43	52,2

Anders dagegen das Resultat bei der Gerloffschen Erhebung.

Belastung des Haushaltungsbudgets durch den Konsum von Nahrungsmitteln. (Lehrerfamilien.)

Gruppierung der Ausgaben	unter 1200 u. 1200 bis 2000 Mk. keine Fam.		2000 bis 2500 Mk. 1 Familie		2500 bis 3000 Mk. 2 Familien		3000 bis 4000 Mk. 2 Familien		4000 bis 5000 Mk. 1 Familie	
	Mk.	%	Mk.	%	Mk.	%	Mk.	%	Mk.	%
Gesamtausgaben (durchschnittl.)	—	—	2079,70	100	2630,52	100	3494,64	100	4127,67	100
davon f. Nahrung	—	—	622,35	29,9	976,61	37,1	1365,63	39,0	1476,89	35,7

Hier spielt, wenn man die Zusammensetzung der Familien beobachtet, die Kopfstärke, die die Nahrungsausgabe pro Familie so bedeutend beeinflußt, wie die höhere soziale Klasse, zu der die Lehrer gehören, eine Rolle. Gerloff hat gewissermaßen eine Verfeinerung des Engelschen Gesetzes vorgenommen, indem er sagte: „Bei gleichem Haushaltungsaufwand und gleicher Zusammensetzung ist die für Nahrung verwandte Ausgabequote einer Familie um so geringer, je höher die soziale Stellung der Familie ist“ [1].

Für uns ist dieser Zusatz nicht ohne Bedeutung, denn die Wahrheit könnte auf der Tatsache beruhen, daß die Leitung der Konsumtion eine bessere ist, weil der Bildungsgrad der Wirtschaftenden ein höherer ist: Wahl und Ausnutzung der Waren daher eine ökonomischere sein könnte.

---

[1] Archiv für Sozialwissenschaft und Sozialpolitik, Band XXX, Heft 2, S. 421.

Der Gerloffsche Satz kann aber vielleicht auch seine Erklärung finden in der schlechteren Ernährung (Unterernährung) gewisser gebildeter Klassen.

Für 210 Familien, geteilt nach Wohlhabenheitsstufen und nach Angehörigkeit zum Arbeiter- oder Lehrer- und Beamtenstande, hat die Bearbeitung der kaiserlich-statistischen Erhebung, der wir von jetzt an sämtliche Daten entnehmen, folgendes Resultat ergeben, ein Resultat, welches dem Obengesagten als Illustration beigegeben werden kann:

Nahrungsverbrauch pro Familie.

Ausgaben	Zahl der Haushalte		Verbrauch für Nahrung in %
900—1200 Mk.	A[1]	4	55,8
	B	0	—
1200—1600 „	A	35	54,0
	B	4	48,8
1600—2000 „	A	71	53,0
	B	12	48,3
2000—3000 „	A	40	49,4
	B	28	39,6
3000—4000 „	A	0	—
	B	14	37,6
4000—5000 „	A	0	—
	B	2	34,4

Diese 210 Familien haben ihre Haushaltungsrechnungen ein Jahr lang geführt, indem sie täglich den Nahrungsmittelbedarf nach der verbrauchten Menge angaben. Diese mühsame Arbeit, den Verbrauch nicht nur nach Geldwert, sondern auch noch nach Quantitäten aufzuschreiben, setzt bei den Wirtschaftenden eine große Menge von Ausdauer und Intelligenz voraus, und daher ist die obenberechnete Differenz von 5,2 %, 4,7 % und 9,8 % an Nahrungs- und Genußmittelverbrauch (innerhalb derselben Wohlhabenheitsstufe, aber in verschiedenen sozialen Klassen) um so auffallender.

Eine spezialisierte Tabelle gibt den Verbrauch nach der Menge pro Kopf berechnet an. (Siehe die Tabelle auf S. 48.)

Diese letzte Tabelle rechnet zum ersten Male mit einer anderen Rechnungseinheit als der Familie. Es liegt auf der Hand, daß die Familie, welche in ihrer Zusammensetzung so sehr verschieden sein kann, dem Statistiker nicht als richtigste Grundlage zu genauen Berechnungen vorgekommen ist. Die Familie ist, und das ist bei statistischen Erhebungen von ausschlaggebender Bedeutung, ein leichtfaßliches Beobachtungsmoment. Die Familie läßt sich leicht in ihre Glieder auflösen, jedes Glied ergibt die Rechnungseinheit „Kopf." Auch hier war es wiederum Engel, der sich mit dieser Einheit nicht

[1] A sind Arbeiter-, B Lehrer- und Beamtenfamilien.

Kopfverbrauch der hauptsächlichsten Nahrungsmittel nach der Menge.

Ausgaben		davon für Nahrungsmittel Mk.	Fleisch kg	Wurst kg	Butter kg	Schmalz kg	Käse kg	Eier Stück	Kartoffeln kg	Kaffee kg	Milch l
Haushaltungen von 900—1200 Mk.	A[1]	166,7	26,4	3,9	9,2	3,3	4,3	70	100,0	2,6	103,1
	B	—	—	—	—	—	—	—	—	—	—
1200—1600 „	A	172,5	19,0	5,9	5,8	6,0	3,1	75	89,8	2,9	101,0
	B	**170,0**	**20,6**	**4,8**	**6,3**	**9,6**	**3,9**	**66**	**84,6**	**3,3**	**98,0**
1600—2000 „	A	196,7	20,4	5,9	8,1	5,2	4,2	72,5	84,4	3,0	107,0
	B	**167,2**	**18,4**	**4,4**	**6,8**	**4,9**	**2,3**	**71**	**83,8**	**2,5**	**113,0**
2000—3000 „	A	216,5	22,6	6,8	6,8	6,8	3,6	100	101,1	3,1	102,6
	B	**232,4**	**29,6**	**7,1**	**10,7**	**3,9**	**2,1**	**128**	**106,9**	**3,0**	**136,0**

zufrieden geben konnte, der die Unterschiede in der Konsumstärke zwischen einem erwachsenen Manne und einem kleinen Kinde so erheblich fand, daß er eine feinere und bessere Rechnungseinheit aufstellte. Nach dem Namen des belgischen Statistikers Quetelet benannt, stellte Engel für seine Berechnung eine neue Einheit, Quet, auf, wodurch die Abstufung der Verbrauchskraft der Familienangehörigen nach folgendem Schema festgestellt wurde: das neugeborene Kind = 1, für jedes Lebensjahr um 0,1 wachsend, um beim männlichen Geschlecht mit 25, beim weiblichen Geschlecht mit 20 Jahren den Beharrungszustand zu erreichen. Den erwachsenen Mann setzt er hiernach = 3,5, die erwachsene Frau = 3.

Jede solche Einheitsannahme beruht auf einer willkürlichen Schätzung. Das Kaiserlich-statistische Amt hat eine Modifikation des Engelschen Gedankens vorgenommen und folgende Berechnung für die „Einheiten" zugrunde gelegt. Erwachsene männliche Personen (15 und mehr Jahre alt) 0,8, Kinder von 13—15 Jahren 0,5, von 10—13 Jahren 0,4, von 7—10 Jahren 0,3, von 4—7 Jahren 0,2, von 0—4 Jahren 0,1.

Scheiden wir, um eine Untersuchung in ihren Teilen möglichst homogen zu gestalten, aus dem Gesamtmaterial die sogenannten „Normalfamilien" aus, d. h. die Familien, welche nur aus Vater, Mutter und Kindern unter 15 Jahre bestehen und in denen im Laufe des Jahres keine Änderungen durch Tod oder Geburt eingetreten sind, so können wir, nach der „Einheit" berechnet, ein Bild bekommen, das einer genauen Darstellung des Verbrauchs am nächsten kommt.

---

[1] A sind Arbeiter-, B Lehrer- und Beamtenfamilien.

In den 820 Familien sind nur 391 Normalfamilien enthalten, mit durchschnittlich 4,3 Köpfen und 2,34 Einheiten pro Familie.

Die Unterschiede der Resultate, ob man als Rechnungseinheit die Familie, den Kopf, oder die nach Zerlegung in Einheiten und Zusammenlegung dieser Einheiten gewonnene Einheit des erwachsenen Mannes annimmt, sind wesentlich, wie folgende Tabelle veranschaulicht:

Art der Ausgaben	Es entfallen an Ausgaben in Mark		
	auf die Familie	auf den Kopf	auf die Einheit (des erwachsenen Mannes)
Insgesamt	2110,38	493,81	901,91
davon für Nahrung . .	**957,92**	**224,14**	**409,39**
„ „ Kleidung . .	273,05	63,89	116,69
„ „ Wohnung . .	380,21	88,97	162,49
„ „ Heizung und Beleuchtung	85,61	20,03	36,59
„ „ Sonstiges . .	413,59	96,78	176,75

Bei der Einheit des erwachsenen Mannes in letzter Tabelle fällt die Willkürlichkeit auch dieses Maßes ins Auge. Mag z. B. der Mann durchschnittlich 42,7 % der Beköstigung für sich beanspruchen, so wird er gewiß nur in den seltensten Fällen ebensoviel Prozent der Wohnung beanspruchen. Hier wird wohl die Hausfrau mit ihren hauswirtschaftlichen Geräten den größten Anteil für sich, zwar nicht für ihre Person, sondern vielmehr für ihre Zwecke, mit Beschlag belegen. Jede Schablonisierung trägt bei der individuell so verschieden gestalteten Familie eine Gefahr in sich.

Jedoch, da Durchschnittszahlen von vornherein nicht als Zahlen, die auf den Einzelfall zutreffen müssen, anzusehen sind, so wächst ihre Bedeutung, wenn sie als Resultat einer langen Reihe einzelner Zahlen erscheinen.

Kennt man die Ausgaben, die für Nahrung, Kleidung usw. nach Einheiten berechnet sind für den erwachsenen Mann, so ist es ein leichtes, sie für die Frau oder Kinder in verschiedenem Alter auszurechnen. Die Frau wird auf Grund der vom Kaiserlich Statistischen Amt angenommenen Einheit $^4/_5$ des Mannes verbrauchen.

Wenn die Normalfamilien nach der Richtung hin, daß ihre Kopfstärke als Ausgangspunkt genommen wird, untersucht werden, so gibt die Durchschnittszahl, nach Einheiten für den erwachsenen Mann berechnet, folgendes Bild:

Familien mit Personen	Zahl der Familien	Einheit für den erwachsenen Mann (Nahrung) Mark
2	43	477,56
3	89	435,07
4	93	410,49
5	93	407,75
6	43	373,73
7	21	349,81
8	5	385,61
9	4	327,80
Summe	391	

Die Einschränkung des Bedürfnisses an Nahrungsmitteln zeigt sich hier deutlich; denn bei steigender Kopfzahl sinkt der Nahrungsverbrauch für den Anteil des Mannes, folglich für alle Familienmitglieder, bedeutend. Das Gegenstück hierzu bietet folgende Tabelle, welche nach Wohlhabenheitsstufen geordnet, und über die Gesamtzahl der 852 Familien sich erstreckend, die Nahrungsmittelausgaben gleichfalls für den erwachsenen Mann feststellt.

Familien mit einer Gesamtausgabe von Mark	Zahl der Familien (852)	Durchschnittliche Kopfstärke	Nahrungsausgaben für die Einheit des erwachsenen Mannes	
			pro Jahr	pro Tag
unter 1200 Mk.	6	2,8	293,09	0,80
1200—1600 „	110	4,2	340,05	0,93
1600—2000 „	108	4,3	389,47	1,06
2000—2500 „	72	4,4	432,27	1,18
2500—3000 „	39	4,1	459,28	1,25
3000—4000 „	43	4,4	520,63	1,42
4000—5000 „	13	4,6	524,49	1,43

Die nachstehende Tabelle soll eine kurze Übersicht über den quantitativen Verbrauch einiger Hauptnahrungsmittel in den erwähnten Arbeiter-, Beamten- und Lehrerfamilien geben.

Nahrungsmittel		Verbrauch pro Familie		Auf den Kopf	
		A (Arbeiter)	B (Beamten)	A	B
1. Fleisch und Wurst . .	kg	130,8	157,6	27,5	33,7
2. Butter	kg	35,2	44,3	7,4	9,5
3. Andere Fette	kg	28,5	21,5	6,0	4,6
4. Käse	kg	18,3	12,8	3,8	2,7
5. Kartoffeln	kg	437,9	472,0	92,0	100,8
6. Kaffee	kg	14,7	14,6	3,1	3,1
7. Eier	Stück	392,0	589,0	82,4	125,0
8. Milch	Liter	504,3	650,0	105,9	138,8

Die Angaben über Brot-, Mehl-, Obst- und Gemüsekonsum sind nicht erwähnt. Es fehlen nicht nur diese Angaben, sondern — und dies ist sehr bedauerlich —, es fehlen die Relationen zwischen den Ziffern der letzten Tabellen untereinander überhaupt. Jede Tabelle gibt ein Bild für sich, aber das Gesamtbild, nach dem wir in Wohlhabenheitsstufen geordnet, pro Einheit und der Menge nach in Ware oder Geld berechnet, das Resultat unserer Untersuchungen festhalten könnten, fehlt. Dieses Gesamtbild kann auch nicht zusammengestellt werden, weil die Untersuchung nicht einheitlich genügend gestaltet ist: hier sind es Normalfamilien, dort sind es Gegenüberstellungen sozialer Art innerhalb eines anderen Kreises von Familien, dann wieder gilt die Familie, der Kopf oder die Einheit als Divisor für die Durchschnittsberechnung. Der Bearbeiter erstickt in der Fülle des Materials, weil die Schwierigkeiten bei der Erhebung und bei der Aufarbeitung vom Kaiserlich Statistischen Amte ebensowenig gelöst sind wie bei der Bearbeitung des Metallarbeiterverbandes, die allerdings an Güte hinter der des Reichsarbeitsblattes weit zurücksteht.

Die Frage taucht auf, ob denn überhaupt eine exakte Erkenntnis der Konsumtionsverhältnisse, ob eine absolute Einheitlichkeit in der Untersuchung möglich ist? Engel scheint der Lösung des Problems näher gekommen zu sein, als dies den neueren Erhebungen gelungen ist.

Engel hat unter Berücksichtigung der physiologischen Nahrungstabellen, unter Zerlegung der einzelnen Nährstoffe in Wärmeeinheiten (Kalorien), durch Umrechnung des Nährwertes nach Geldeinheiten, eine wissenschaftlich feststehende Größe als Existenznotwendiges pro Quet festgestellt[1]. Der Preis des Nährwertes stellt sich pro Quet auf 20,15 Pfg. Der erwachsene Mann = 3,5 Quet, macht 70,52 Pfg. Ausgabe für die notwendigen Nährwerte pro Tag. Die von uns nach anderen Einheiten berechneten Geldwerte von 0,80 Mk. bis zu 1,43 Mk. Beköstigungsgeld pro Tag ergeben sich unter Zugrundelegung vieler Detailpreise für Nahrungsmittel, stehen daher den 70,52 Pfg. für Nährwerte völlig beziehungslos gegenüber. Nur das eine kann man vermuten: für 0,80 Mk. oder 0,93 Mk. kann der Wirtschaftende gewiß nicht den „Nährwert" bekommen, der eigentlich zur Erhaltung des Lebens notwendig ist.

Der Endzweck von Untersuchungen über Konsumtionsverhältnisse kann nicht nur die Feststellung gewisser Regelmäßigkeiten in der Be-

[1] Siehe hierüber Handw. d. Staatsw. Bd. 5, S. 328 (2. Auflage).

lastung des Budgets durch den Nahrungsaufwand sein, sondern diese Untersuchungen sollten es auch möglich machen, dem Geldlohn den Reallohn gegenüberzustellen, sollten auch die Erfahrung bringen können, ob der Wirtschaftende für sich und seine Angehörigen die nötigen Nährwerte beschafft hat.

Wir werden uns allerdings mit der Feststellung der Regelmäßigkeiten bescheiden müssen, denn das Material läßt eine Gegenüberstellung von Verdienst und Lebensmittelpreisen nicht zu. Diese sehr komplizierte Untersuchung dürfte nur örtlich vorgenommen werden können und steht außerhalb des Rahmens der vorliegenden Arbeit. Ebensowenig ermöglicht das Material eine Feststellung, ob die Nahrungsmengen in genügende Nährwerte umgesetzt worden sind. Denn hierzu wissen wir nicht, inwieweit die Nahrungsmengen durch genügende Fachkenntnisse und technische Hülfsmittel ausgenutzt worden sind.

Vom physiologischen Standpunkt aus genügen uns die Resultate der Untersuchung nicht; ökonomisch geben sie außerordentlich interessante Einblicke in die Nahrungsverhältnisse gewisser Gesellschaftskreise. Die Verteilung der Lebensmittel und die Belastung des Privatbudgets durch sie konnte, wenn auch nicht vollständig, so doch in verschiedenen Beziehungen dargelegt werden; auch gewisse Anknüpfungspunkte für Vergleiche zwischen Nahrungskosten in der Familienhaushaltung und in Anstaltshaushaltungen sind zu finden, sobald über letztere ein ähnliches Material vorliegt wie über die gewöhnlichen Haushaltungen.

4. Vergleich von Einzelhaushaltskonsum mit Anstaltsverpflegung.

Abgesehen von der Nahrungsversorgung in Gasthöfen und Gasthäusern, welche als Unternehmungen ihre Preise nach kaufmännischen Gesichtspunkten bestimmen, sind es die Anstalten im eigentlichen Sinne, welche die „Verpflegungskosten pro Person“ geregelt haben. Je nach der Aufgabe der Anstalt steigen oder sinken diese Kosten; aber unter ein gewisses Minimum werden sie kaum fallen, weil für den größten Teil dieser Anstalten die physiologischen Bedürfnisse der Insassen als Voraussetzung für die Berechnung der Nahrungsmengen genommen sind.

Am besten zeigen dies die Beköstigungsvorschriften für die Soldaten des Heeres, weniger deutlich die von E. Münsterberg gesammelten Anstaltspflegesätze[1] oder die von Krankenhäusern[2], Erholungsheimen usw. geforderten Tagessätze. In den beiden letzten Fällen ist die tatsächlich für Nahrungsversorgung verausgabte Summe kaum maßgebend. Es sind gewissermaßen Mindestforderungen, die für Leistungen mancher Art hier zum Ausdruck kommen; Behausung, Bedienung, Hygiene, Erziehung und noch viele andere Sachen spielen hier mit. Die sozialfürsorgliche Tätigkeit dieser Anstalten, die oft aus öffentlichen Mitteln erhalten werden oder aus Stiftungsgeldern hervorgegangen sind, bewirkt, daß die Nahrungsversorgung ihren reinen Ausdruck nicht in dem Verpflegungssatz findet.

Anders dagegen liegen die Verhältnisse bei der Kostenberechnung für Nahrung der Gefangenen und Soldaten. Hier liegt ein Fixum an Nährwerten vor, das für Internierte niedriger ist als bei den Personen des Soldatenstandes, die zur Ertragung größter Anstrengungen fähig gemacht werden sollen. Für Preußen haben die Verpflegungskosten für den Kopf und Verpflegungstag des Gefangenen 1905 : 35,7 Pfg., 1906 : 37,9 Pfg., 1907 : 40,1 Pfg. betragen. Der erhöhte Geldbetrag ist die Folge der gesteigerten Lebensmittelpreise, nicht etwa von erhöhten Rationen.

Einen in Geld ausgedrückten Satz für die Beköstigung des Soldaten gibt es nicht, wohl aber festgestellte Beköstigungsportionen. Die Soldatenbeköstigung enthält keine Kosten für Behausung, Bedienung oder irgendeine Art der Verpflegung, sie kann also dem Beköstigungsgelde für den erwachsenen Mann, wie es nach Einheiten berechnet worden ist, gegenüber gestellt werden.

Die Verpflegungsvorschrift für das preußische Heer im Frieden[3] sagt in § 5: „Die Beköstigungsportion ist entweder eine kleine oder eine große.“

Zur kleinen Beköstigungsportion gehören:

10 g Kaffee in gebrannten Bohnen,
180 g rohes Fleisch oder ⎫
120 g geräucherter Speck oder ⎬ nebst 40 g Rindernierenfett,
100 g Fleischkonserven ⎭
250 g Hülsenfrüchte (Erbsen — Bohnen — Linsen) oder
125 g Reis (Gries oder Grütze) oder

---

[1] E. Münsterberg, „Die Anstaltsfürsorge in Deutschland“.

[2] u. a. Ernst Pütter, Finanzielle Erhaltung der Krankenanstalten. Handbuch für Bau, Einrichtung und Betrieb der Krankenanstalten.

[3] Verpflegungsvorschrift für das preußische Heer im Frieden vom 3. April 1902. Mittler & Sohn, Berlin.

60 g Dörrgemüse oder
150 g Gemüsekonserven von Hülsenfrüchten oder
1500 g Kartoffeln sowie
25 g Salz nebst den erforderlichen sonstigen Speisezutaten.

Zur großen Beköstigungsportion gehören:

15 g Kaffee in gebrannten Bohnen,
250 g rohes Fleisch nebst 60 g Rindernierenfett oder
200 g Fleischkonserven oder geräucherter Speck,
250 g Hülsenfrüchte oder
125 g Reis oder
60 g Dörrgemüse oder
150 g Gemüsekonserven oder
1500 g Kartoffeln oder
75 g Gemüsekonserven und 750 g Kartoffeln oder
100 g " " 500 g " sowie
25 g Salz nebst den erforderlichen sonstigen Speisezutaten.

Bedeutend größer ist die tägliche Beköstigungsportion in Kriegszeiten[1]. Sie besteht aus:

Fleisch:
375 g frisches Fleisch oder
200 g geräuchertes Fleisch, Speck oder Wurst oder
200 g Fleischkonserven.

Gemüse:
125 g Reis oder
250 g Hülsenfrüchte oder
60 g Dörrgemüse oder
150 g Gemüsekonserven oder
1500 g Kartoffeln oder
450 g Sauerkohl oder 125 g Backobst.

Salz: 25 g.

Kaffee: 25 g gebrannt oder
3 g Tee nebst 17 g Zucker.

Ähnliche Sätze sind für die Marine festgesetzt, wir wollen jedoch mit den vorhergenannten Sätzen, als Beispiel derselben Methode, vorlieb nehmen.

Vergleichen wir die sogenannte kleine Beköstigungsportion mit der von Pettenkofer für den Arbeiter oder Soldaten aufgestellten physiologisch begründeten Nahrungsmenge von 118 g Eiweiß, 56,0 g Fett und 500 g Kohlehydraten, die für das praktische Leben[2] umgerechnet einem Verbrauch gleichkommt von:

---

[1] Siehe hierüber: Kriegsverpflegungsvorschrift vom 28. August 1909.

[2] Hedwig Heyl, ABC der Küche, S. 8.

212 g Fleisch	= 42 g Eiweiß,	21 g Fett,	— g Kohlenhydraten,
35 g Fett	= — g „	35 g „	— g „
76 g Gemüse . . .	= 75 g „	— g „	— g „
500 g in Zuspeisen .	= — g „	— g „	500 g „
	118 g Eiweiß,	56 g Fett,	500 g Kohlenhydraten.

so sehen wir, daß die tägliche Portion des Soldaten weit über dieses Maß hinausgeht, weil die Brotportion von 750 g Brot oder 500 g Feldzwieback oder 400 g Eierzwieback noch zur Tageskonsumtion hinzutritt. Anstatt der Brotportion beträgt das Brotgeld 12 Pfg. pro Tag, das noch um 4 Pfg. erhöht wird, wenn die große Portion zuständig ist.

Ebensowenig wie Preissteigerungen für die Gefangenen den Einfluß haben, daß ihr Nahrungsquantum geschmälert wird, ebensowenig trifft dies für die Soldaten zu. Denn nach Vorschrift wird das niedrige Beköstigungs*geld* zweimal jährlich — im Dezember für die Zeit vom 1. Januar bis Ende Juni des folgenden Jahres, und im Juni für die Zeit vom 1. Juli bis Ende Dezember — vom Kriegsministerium im Armeeverwaltungsdepartement für jede Garnison oder für die einzelnen in kommunaler Beziehung selbständigen Orte eines Garnisonverbandes oder für einzelne Gruppen solcher Orte festgestellt und durch das Armee-Verordnungsblatt bekannt gemacht.

Außer den 12 Pfg. Brotgeld stehen für Morgenkost 3 Pfg., für den Fetteil der Mittags- und Abendkost 3 Pfg., für den Gemüseteil 10 Pfg. *fest*. *Veränderlich* ist nur der Betrag für den Fleischteil. Das Kriegsministerium ist ermächtigt, zeitweise das niedrige Beköstigungsgeld zu erhöhen.

Wird der Soldat *nicht* in Naturalleistung beköstigt, so stehen ihm das Brotgeld, das *hohe* Beköstigungsgeld und Zuschuß von 30 Pfg. für Selbstbeköstigung zu. Das hohe Beköstigungsgeld ist die Summe des niedrigen Beköstigungsgeldes mit einem Zuschlage von 15 Pfg. pro Kopf und pro Tag.

Hieraus ergibt sich, daß die Militärverwaltung die Selbstbeköstigung oder Einzelbeköstigung stets pro Tag und pro Kopf um 45 Pfg. *höher* einschätzt als die Anstaltsversorgung. Wieviel Prozent der Beköstigung dies beträgt, ist nicht festzustellen, weil ja nach der Lage der Garnison die niedrigen Beköstigungsgelder schwanken. Die Preisfestsetzung ist abhängig von der Preishöhe der Lebensmittel in den verschiedenen Garnisonen.

Wie die erhöhten Lebensmittelpreise, besonders die Fleischpreise, pro Kopf und pro Tag für die einzelnen Standorte bei Festsetzung des kleinen Beköstigungsgeldes zum Ausdruck kommen, zeigt ein Vergleich der Ziffern, die für das erste Halbjahr 1910, mit denen, die für das erste Halbjahr 1911 für 264 Garnisonen festgestellt sind. In 164 Garnisonen gibt es jetzt ein höheres, und nur in 23 ein niedrigeres Beköstigungsgeld. In 80 Orten beträgt die Erhöhung 1 Pfg. für den Mann und Tag, in 53 2 Pfg., in 19 3 Pfg., in 9 4 Pfg., in 2 (Koblenz und Langensalza) 5 Pfg., und in einem Orte (Jülich) 6 Pfg. Die Herabsetzungen betrugen an 20 Orten 1 Pfg., an 2 Orten 2 Pfg., und an einem Orte 3 Pfg. Die Erhöhungen erstrecken sich auf alle Teile des Staates, waren aber im Westen bedeutender als im Osten, wenn auch hier zum Teil wesentliche Hinaufsetzungen (so Memel, Swinemünde und Fürstenwalde um 4 Pfg.) vorkamen. Am niedrigsten ist das Beköstigungsgeld mit 34 Pfg. in Rosenberg (Westpreußen), Strasburg (Westpreußen) und Ortelsburg, am höchsten mit 48 Pfg. in Helgoland, dann folgen mit je 43 Pfg. Mörchingen und Sigmaringen. In Berlin beträgt das Beköstigungsgeld 38 (im Vorjahr 36 Pfg.), in Spandau 39 (38), in Charlottenburg 40 (37) und in Potsdam ebenfalls 40 Pfg. wie im Vorjahr.

Die Fleischportion ist am billigsten in Rosenberg in Westpreußen mit 17,70 Pfg., am teuersten ist sie in Oldenburg mit 26,48 Pfg., Mörchingen mit 26,64, Helgoland mit 26,65 und Sigmaringen mit 26,78 Pfg. Für Berlin ist sie auf 22,49 (19,68), für Spandau auf 23,37 (21,52), für Potsdam auf 23,66 (23,95) und für Charlottenburg auf 23,87 (20,77) Pfg. berechnet.

So würde für einen in Berlin in Garnison sich befindenden, aber auf Selbstbeköstigung angewiesenen Soldaten für das erste Halbjahr 1911 das Beköstigungsgeld ohne Brotgeld folgenderweise zu berechnen sein: 38 Pfg. Beköstigungsgeld + 15 Pfg. (für die größere Portion) + 30 Pfg. für die auswärtige Pflege = 83 Pfg. Über die Hälfte wird also als Zuschlag für Einzelverpflegung gezahlt.

Durch die Vertragspreise bei den einzelnen Lieferungen, wie durch direkten Bezug von den Produzenten, durch eigene Magazinverpflegung oder auf dem Wege der Quartierversorgung, durch Kriegskochküchen, kurz durch zentralisiertes Einkaufs-, Aufbewahrungs- und Fertigstellungsverfahren stellt sich der Konsum des Einzelnen um 45 Pfg. billiger als die Selbstbeköstigung. Wenn die in diesen 45 Pfg. ausgedrückte Erfahrung der Militärverwaltung nicht durch die Erwägung abgeschwächt würde, daß der Soldat, der nicht aus der Mannschaftsküche beköstigt wird, im Wirtshaus beim Preise der Beköstigung die Benutzung des Lokals, des Geschirrs usw. mit bezahlen muß und eventuell übervorteilt wird, dann wäre die Verallgemeinerung dieser Erfahrung vom rein ökonomischen Standpunkt der Hinweis dafür, daß die Selbstbeköstigung, wie sie auch ähnlich in der Familie vorliegt (und von uns für den erwachsenen Mann mit 0,80, 0,93, 1,06, 1,18, 1,25, 1,42 und 1,43 Mark berechnet wurde), eine maßlose Verteuerung des täglichen Konsums darstellt.

Die Vermutung liegt für letztere Behauptung nahe, den Beweis aber können wir nicht liefern, weil die nötigen Vergleichsmomente aus dem zur Verfügung stehenden Material nicht beigebracht werden können.

Was die Methode der Beköstigung anbetrifft, so scheint es richtiger, sie, wie in der Anstaltsversorgung, von dem Nährwertsbedarf, als von der im Engelschen Gesetz zum Ausdruck gebrachten Einkommensverteilung in dem Familienhaushalt bestimmen zu lassen.

Und doch siegt die irrationelle Wirklichkeit über das rationelle Nahrungsprinzip! Noch leben 95,3 % der Bewohner Deutschlands in 12¼ Millionen Familienhaushaltungen unter dem Druck des von ihnen nicht geahnten Engelschen Gesetzes und preisen sich glücklich — wenn sie nicht in Sommerfrischen sind oder frohe Feste im Wirtshause feiern —, daß sie im eigenen Heim eigens für sie zubereitete Speisen essen können.

Es müssen hier wohl andere Ursachen im Spiele sein, die einen so großen Aufwand von Kraft, Zeit und Geldmitteln, wie die privathauswirtschaftliche Nahrungsversorgung erfordert, rechtfertigen und täglich von neuem durchführen können. Es sind die tausend Imponderabilien, die nicht nur den Kleinbetrieb aufrecht erhalten, sondern die eine Reform der Nahrungsversorgung fast undurchführbar machen. Es ist ein Sieg des Ideellen über das Materielle. Ob dieser Sieg dauernd sein kann bei den geänderten Wirtschaftsverhältnissen, ist eine Frage, die durch eine Prüfung derjenigen Faktoren, die heute der Privatwirtschaft und ihrer altbewährten Tätigkeit auf dem Nahrungsgebiete entgegenwirken, näher zu untersuchen wäre.

Drittes Kapitel

Die Frauenarbeit in der Volkswirtschaft.

Historisch betrachtet würde es richtiger sein zuerst die hauswirtschaftliche und dann die volkswirtschaftliche Frauenarbeit zu behandeln. Jedoch hat die entgegengesetzte Reihenfolge den Vorzug, sich erstens besser an die Einteilung der Berufszählung anzulehnen und zweitens den logischen Zusammenhang des Stoffes schärfer hervorzuheben. Die Wichtigkeit und Größe der Belastung des Haushaltungsbudgets durch Nahrungsaufwand steht in unmittelbarem Zusammenhang mit der Notwendigkeit für manche Frau, durch Erwerbstätigkeit die Einnahmeseite des Budgets zu erweitern. Die Erwerbstätigkeit der Frau entzieht der Hauswirtschaft Kräfte, die bis dahin derselben stets angehört hatten. Wieviele Kräfte es sind, soll in diesem Kapitel untersucht werden, gleichfalls ob diese Kräfte andauernd oder nur vorübergehend dem Hauswesen entzogen werden. Es liegt also in der Hervorhebung der volkswirtschaftlichen Frauenarbeit keine höhere Wertschätzung dieser vor jener, sondern es sind rein praktische Erwägungen, welche diese Reihenfolge bevorzugen ließen.

Sollten die Kräfte, welche der Hauswirtschaft auch jetzt noch zur Verfügung stehen, für diese Arbeit ausreichen, so liegt von dieser Seite aus betrachtet, keine Notwendigkeit oder Veranlassung vor, diese anders als vorher zu gestalten. Fließen jedoch die Arbeitskräfte anderswohin ab, so wäre die Frage ins Auge zu fassen, ob Maßregeln getroffen werden müssen, welche im Stande wären, die heutige Hauswirtschaft in der alten Form zu erhalten, oder welche neue Formen wir für die alte Hauswirtschaft schaffen könnten.

Die genaue Kenntnis darüber, wie und wo die Frau sich heute beschäftigt, ist somit für unsere Betrachtung erforderlich, ebenso aber auch ein kurzer Überblick über die Ursachen, die dazu beigetragen haben, der Frau in der Volkswirtschaft einen Platz anzuweisen.

1. Geschichtlicher Überblick.

Die Frau hat stets neben der zeitraubenden Tätigkeit, die die Konsumtion von ihr erforderte, produktive Arbeit geleistet. In der geschlossenen Hauswirtschaft hat sie bereits des öfteren weit über den Bedarf des eigenen Hauses produziert und wenn auch die Produkte für einen großen Teil als Vermögen aufgespeichert wurden und der eigenen Wirtschaft erhalten blieben, so wanderten doch andere weit vom Herstellungsorte weg und dienten der Tauschwirtschaft als willkommene Handelswaren.

Die Änderungen, die durch Fortschritte der Technik und des Handels hervorgerufen waren, übten ihren Einfluß auf die hauswirtschaftliche Produktionsweise aus, manche Obliegenheit des Hauses wurde allmählich nach der Manufaktur und Fabrik verlegt. Hier setzte das ökonomische Prinzip der Arbeitsteilung sich weit schärfer als in der Hauswirtschaft durch. In Manufaktur und Fabrik wurde die Arbeit durch die maschinellen Vorrichtungen bis in die einfachsten Handgriffe zerlegt. Durch die schnellere Art der Arbeitserledigung mit Maschinenkraft wurden einerseits Menschenkräfte abgestoßen, andererseits verlangte eine gesteigerte Produktion neue Menschenkräfte. Sowohl der Prozeß der Verlegung der Arbeitsstätte als das unstete, wechselnde Bedürfnis nach Menschenmaterial brachte die alte Wirtschaftsform ins Wanken. Das Maschinenenzeitalter brachte es mit sich, daß nicht mehr, wie zur Zeit des Merkantilsystems oder zur Zeit der Zünfte die Familie als Produktionseinheit aufgefaßt wurde, sondern daß bei der Herstellung gesellschaftlicher Arbeit die Nachfrage nach „Händen" in den Vordergrund trat. Das „Paar Hände" wurde ausreichend um die leichten Handgriffe, welche die Maschine den Menschen als Arbeitsleistung überließ, zu bewältigen. Man hat damals gewiß unter der suggestiven Wirkung des Gedankens gestanden, daß die Maschine die schwere Leistung übernehme, die Handgriffe nur leichte Arbeit erforderten; denn auch ein Sozialreformer wie Robert Owen hat nicht nur Kinderhände zu seinen Produktionszwecken gebraucht, er hat sich gegen diese Beschäftigung als solche nicht ernstlich aufgelehnt.

Aus der kapitalistischen Unternehmungsform, bei der häufig der größte Teil des verfügbaren Kapitals in Maschinen investiert wurde, ergab sich die Notwendigkeit an umlaufendem Kapital zu sparen. Diese Überlegung führte zu dem Streben nach billigen Arbeitskräften und diese billigen Kräfte wurden vielfach in Frauen und Kindern gefunden.

Ob wirklich die Feinheit der Frauenhand, und die Kleinheit des Kinderkörpers so sehr als solche geschätzt wurden, soll dahingestellt sein. Sicher ist es, daß durch die Heranziehung von Kindern zu Bergarbeit die Betriebsanlage der Bergwerke primitiv gestaltet bleiben konnten, d. h. hier wurde nicht nur an zirkulierendem, sondern auch an fixem Kapital gespart.

Bis zu unserer Zeit ist dieser kapitalistische Gesichtspunkt von ausschlaggebender Bedeutung für die Beschäftigung von Frauen;

diese leisten zum großen Teil noch heute Arbeit in solchen Industrien, die nur durch äußerste Sparsamkeit in beiden vorhererwähnten Kapitalsarten, produktions- und konkurrenzfähig bleiben können. Das Existenzminimum, das für die Frau kleiner ist, als für den erwachsenen Mann, prädestiniert sie zu diesen schlecht bezahlten Arbeiten in der Volkswirtschaft.

Wie vorher schon betont wurde, rief die Anwendung der Maschine einen plötzlichen Umschwung in der Form der Wirtschaft hervor. Wenn der Satz Großes „Die Form der Wirtschaft bestimme die Form der Familie" nicht nur für die Wirtschaftsstufen der niederen Jäger oder Nomaden, sondern auch für die höheren Ackerbauer in ihrer Agrikultur-Manufaktur-Handelsperiode, ja bis zu ihrer heutigen weltwirtschaftlichen Entwicklung anwendbar ist, so ist die logische Folge dieser Satzanwendung auch der Gedanke, daß die Form der Familie gleichfalls noch heute einem Wandel unterworfen ist. Da hier die Rede von wirtschaftlichen Einflüssen ist, so kann eine durch die Formveränderung der Familie eventuell bedingte Wesensänderung derselben nicht in den Vordergrund des Interesses geschoben werden. Damit soll jedoch keineswegs gesagt sein, daß religiöse, sittliche oder andere Einflüsse nicht in Betracht kommen, sondern diese werden (wie es auch im ersten Kapitel bei Behandlung der Entwicklung der Germanen besonders betont und als ihre individualistische Charakteranlage hervorgehoben wurde) als vorhanden und mitwirkend vorausgesetzt.

Die Umgestaltung im urgermanischen Hauswesen hat dem pater familias gewiß schwere Sorgen gemacht, er hat es sicherlich nicht angenehm empfunden, daß seine Macht stets mehr einschrumpfte, und daß seine einstmalige gewaltige Hauskommunion einer kleineren Wirtschaftsform Platz machen mußte.

Diese Umgestaltungen von der Hauskommunion zur geschlossenen Hauswirtschaft, von dieser zur Stadt- und Volkswirtschaft sind nicht immer glatt von statten gegangen, am wenigsten konnte das fortwährende Wachsen der Produktionsform ohne Einfluß in der Hauswirtschaft bleiben. Aber hier vollzog es sich allmählich, und so lange die wirtschaftlichen Obliegenheiten innerhalb des häuslichen Kreises so viele und so mannigfaltige waren, daß die der inneren Wirtschaft zur Verfügung stehenden Kräfte vollständig in Anspruch genommen waren, so lange gestaltete sich das Familienleben unmerkbar um, und die Änderungen in der Form der Familie haben Schritt gehalten mit den Änderungen in der Form der Wirtschaft.

Das sollte anders werden.

Das Zeitalter der Maschine griff *plötzlich* in manches Gebiet der Eigenproduktion ein. Der große Umschwung im Erwerbsleben machte sich in der Familie *akut* fühlbar und hatte für die Frau und ihre Tätigkeit zwei diametral-entgegengesetzte Wirkungen. Blieb die Form der Eigenproduktion beibehalten, so wie es in der Landwirtschaft der Fall ist, so wurde die Frau durch intensivere Arbeit an Haus und Hof *fest gebunden*. War diese Form aber durch die Anwendung der Maschine überwunden, dann wurde nicht nur der Mann, sondern gleichfalls die Frau schonungslos aus dem althergebrachten Arbeitskreis *hinausgeschleudert*. Dann mußte auch sie sorgen für einen Ersatz des einmal produktiven Hausfleißes, und sie mußte mit dem Manne auf dem allgemeinen Arbeitsmarkt ihre Arbeitskraft anbieten.

Wo eine Arbeitsnachfrage entstand, drängten sich die Arbeitskräfte anarchisch auf dem Arbeitsmarkt. Bei dem großen Angebot der Arbeitskräfte zeigte es sich in allen Arbeitsgebieten, daß der Lohn zu dem Minimum herabzusinken drohte, bis zu welchem die letzte angebotene Arbeitskraft zu haben wäre. Des Mannes Verdienst sank unter den Tauschwert der Reproduktion seiner Arbeit. Der „Living-Wage" schwand und der Lohn des Erwachsenen, der kaum für den Einzelnen genügte, reichte oft nicht mehr aus zur Erhaltung der Familie. In vielen Fällen bedrohte und zerstörte die neue, gewaltig sich bahnbrechende kapitalistische Wirtschaftsform die alte Form der Familie. Aber die Familie *bleibt*. Zwar nicht mehr als Produktions- sodann doch als Konsumtionseinheit.

Die neue kapitalistische Wirtschaftsform hat stark in das Familienleben der armen, nicht landbesitzenden Bevölkerung eingegriffen, dann zeitigte sie Folgen in den bürgerlichen Kreisen. Mehr als vordem mußten sich Mädchen und Frauen nach einem Erwerb umsehen; denn durch Arbeit im Haushalte allein konnten sie jetzt nicht wie einst Beschäftigung und Broterwerb finden. Diese Wirtschaftsform erzeugte die Frauenfrage der Mitte des 19. Jahrhunderts, welche zur Frauenbewegung der Jetztzeit wurde. Die außerhäusliche Erwerbstätigkeit wurde im großen und ganzen der Frau aufgedrungen. Die Folge ihrer Beschäftigung außerhalb des Hauses war für sie eine neue Einschätzung ihres eigenen Ichs. Diese neue Einschätzung wurde Ausgangspunkt vieler Wünsche, deren Ziele nicht mehr wie einst nur innerhalb des Hauses, sondern den Formen der Volkswirtschaft, in die sie eingereiht war, entsprechend auch außerhalb des Hauses lagen. Die Emanzipierung von vielen früheren Traditionen ist gewiß von der Frau nicht leicht genommen worden; sie leidet unter dem Dualismus ihrer Aufgaben, empfindet die Gefährdung des Familienlebens, das sie liebt und in dem ihre Kräfte wurzeln. Daher versucht sie das Gleichgewicht herzustellen zwischen wirtschaftlichen Umwälzungen, die sich so rasch, und geistigen, die sich so langsam vollziehen. Die heutige Frau hat die Ruhe, welche die alte Wirtschaftsordnung ihr sicherte, verloren. Sie empfindet schwer das Dilemma, das für sie selbst, für ihre Familie und für die Gesellschaft aus der Doppelpflicht von Beruf und Ehe, entsteht; den Ausweg hat sie noch nicht gefunden. Die Erwerbstätigkeit erschwert die Erledigung hauswirtschaftlicher Geschäfte und umgekehrt. Aber trotzdem lehnt die Frau die Vorschläge, die in den vierziger Jahren von Arbeiterführern gemacht wurden, und die darauf hinzielten, das Familienleben aufzulösen, ab. Begreiflich ist es, daß Männer wie Marx und Engels so stark unter dem Eindruck der unter ihren Augen sich abspielenden Zerrüttung des Familienlebens im Proletariat standen, daß sie, auch irregeführt durch das Material der neuen soziologischen Forschungen, ein Stadium in der Entwicklungsgeschichte der Familie für das Ende derselben ansehen konnten. Wohl herrscht auch noch heute in manchem Arbeiter- und Bürgerhaushalt dieselbe wirtschaftliche oder geistige Verwirrung; bezüglich der Abhilfe dieser Übelstände ist man jetzt anders als ehedem gesonnen: man will durch Erhaltung des geistig-sittlichen Bandes und nicht mehr durch Zerreißen desselben die Familie erhalten. Durch Schutz von Frauen- und Kinderarbeit, durch Arbeiterversicherung und durch andere wirtschaftliche wie sozialpolitische Maßregeln will man diesem Streben näher kommen. Wir aber befinden uns in diesem Entwicklungsprozeß; späteren Geschlechtern wird es vorbehalten sein, ein abschließendes Urteil über denselben zu fällen.

Es ist notwendig den genauen Stand dieser Verhältnisse, d. h. der Betätigung der Frau in der deutschen Volkswirtschaft kennen zu lernen. Zuviel Gewicht wird meistens auf die große Zahl der weiblichen Erwerbstätigen, zu wenig Gewicht auf die Art der Stellung im Beruf gelegt. Nicht nur quantitativ, sondern auch qualitativ (so weit dies möglich ist bei der Wahrnehmung äußeren Merkmale) soll deshalb in Kürze die Frauenerwerbsarbeit untersucht werden.

2. Die Berufszählung 1907.

Die letzten deutschen Berufszählungen sind im wesentlichen nach gleichen Grundsätzen erfolgt, jedoch ist jede neuere Zählung nie eine einfache Wiederholung der vorhergehenden gewesen.

Die Art der Beschäftigung, wie die wirtschaftliche Selbständigkeit sind die Merkmale, nach der die Berufszählung die ortsanwesende Bevölkerung teilt in zwei ungleiche Hälften: zu der ersten und kleineren Hälfte gehören diejenigen Personen, welche durch ihre Anteilnahme an der Produktion oder durch Bezug von eigenen Zinsen und Unterstützung als Selbständige gezählt wurden; zu der zweiten Hälfte gehören die Familienangehörigen und die im Hause ihrer Herrschaft lebenden Dienenden, die von dem Einkommen, das in der ersten Gruppe erzeugt oder bezogen wurde, leben. Produktion und Konsumtion stehen sich gewissermaßen gegenüber. Diejenigen, die ihre Tätigkeit in der Hauswirtschaft ausüben, gehören, soweit sie nicht außerhalb des Hauses ihrer Dienstherrschaft wohnen, zu der letzten Gruppe, d. h. sie sind nicht im Sinne der Statistik erwerbstätig.

Es wäre leicht, einige Beispiele für oder wider das Prinzip, nach dem die Einteilung in die verschiedenen Kategorien der Erwerbstätigen festgestellt ist, beizubringen, jedoch wird die beste Illustration hierzu die nachstehend gegebene genaue Umschreibung der vier Kategorien sein, vgl. auch die Tabellen auf S. 64, 65, 66 u. flg. Außerdem ist ein statistisches Prinzip oder eine statistische Methode nie im starren Sinne der Naturwissenschaft oder Philosophie aufzufassen, sondern stets als eine Anpassung an praktisch durchführbare Möglichkeiten anzusehen.

Die Berufszählung[1. 2. 3] unterscheidet vier Kategorien: die ersten beiden umfassen die hauptberuflich Erwerbstätigen im weiteren Sinne, die beiden letzten die nicht Erwerbstätigen.

Es gibt:

1. Erwerbstätige im Hauptberuf, d. h. alle Personen, die einen Hauptberuf selbst ausüben, einschließlich derjenigen Dienenden

---

[1] Siehe hierzu die Berufszählung von 1907.

[2] R. v. d. Borght: „Beruf, Gesellschaftliche Gliederung und Betrieb im Deutschen Reiche". Vortrag der Gehestiftung, Jahrgang 1910, Bd. 2.

[3] Dr. H. Dorn: Die Frauenarbeit in der deutschen Volkswirtschaft. In der Frauenzukunft 1910, Heft 7 und folgende.

für häusliche oder persönliche Dienste, die nicht im Haushalte der Herrschaft leben.

2. Berufslose Selbständige, d. h. die selbständigen Personen, die von eigenen oder fremden Mitteln im eigenen oder fremden Haushalte leben, aber einen eigentlichen Hauptberuf nicht ausüben.

3. Dienende für häusliche oder persönliche Dienste, die im Haushalt ihrer Herrschaft leben.

4. Angehörige ohne Hauptberuf.

a) Die Erwerbstätigen (in Landwirtschaft, Gewerbe, Handel und Industrie).

Die Gesamtzahl der Erwerbstätigen im weiteren Sinne (1 und 2) war 1907 im Deutschen Reich rund 30·23 Millionen oder 48,98 % der Bevölkerung, während sie 1895: 44,26 % und 1882: 41,99 % der Bevölkerung betrug.

Die Betriebsamkeit ist im deutschen Volke eine wachsende und verteilt sich folgendermaßen:

Die ortsanwesende Bevölkerung und die Erwerbstätigkeit im allgemeinen.

	1907	1895	1882
Ortsanwesende Bevölkerung:			
Männl.	30 461 100	25 409 161	22 150 749
Weibl.	**31 259 429**	**26 361 123**	**23 071 364**
	61 720 529	51 770 284	45 222 113
1. Erwerbstätige.			
Männl.	18 583 864	15 506 482	13 372 905
Weibl.	**8 243 498**	**5 264 393**	**4 259 103**
	26 827 362	20 770 875	17 632 008
2. Beruflose Selbständige.			
Männl.	1 612 776	1 027 259	652 361
Weibl.	**1 792 207**	**1 115 549**	**702 125**
	3 404 983	2 142 808	1 354 486
3. Dienende.			
Männl.	15 372	25 359	42 510
Weibl.	**1 249 383**	**1 313 957**	**1 282 414**
	1 264 755	1 339 316	1 324 924
4. Angehörige.			
Männl.	10 249 088	8 850 061	8 082 973
Weibl.	**19 974 341**	**18 667 224**	**16 827 722**
	30 223 429	27 517 285	24 910 695

Der Anteil der weiblichen Erwerbstätigen im engeren Sinne auf 100 weibliche Einwohner berechnet, ist im Jahre 1882 von 18,5 %, im Jahre 1895 von 19,9 %, im Jahre 1907 bis zu 26,4 % gestiegen. Auch die Zahl der weiblichen berufslosen Selbständigen ist von 3,0 % der weiblichen Einwohner im Jahre 1882 auf 4,2 % im Jahre 1895, bis zu 5,7 % im Jahre 1907 gestiegen.

Da bei den Männern, d. h. den männlichen Erwerbstätigen im Hauptberuf der Anteil nur (1882) von 60,4 % auf (1895) 61,0 % und auf 61,1 % (1907) der männlichen Bevölkerung gestiegen ist, entfällt der größte Prozentsatz der erhöhten Betriebsamkeit auf weibliche Erwerbstätigkeit. Dies kann uns nicht Wunder nehmen; denn drei Fünftel der männlichen Bevölkerung steht in Erwerbsarbeit, der Rest ist zu jung um als Reservearmee für hauptberufliche Erwerbstätigkeit in Anspruch genommen werden zu können. Die Folge der Ausdehnung der volkswirtschaftlichen Arbeit ist die Heranziehung der eigenen weiblichen Bevölkerung.

Die beiden Kategorien der nicht Erwerbstätigen werden, weil sie nicht im Dienste der Volkswirtschaft, sondern in dem des Hauses stehen erst im folgenden Kapitel behandelt werden, gleichfalls die zu den hauptberuflich Erwerbstätigen gehörenden Dienenden, die nicht im Hause ihrer Herrschaft wohnen, weil sie im Rahmen dieser Arbeit besser mit den beiden vorhergenannten Angehörigen und Dienstboten zusammen untersucht werden.

Die erste Kategorie der Erwerbstätigen im engeren Sinne wird durch Zerlegung der Beschäftigung nach Berufsabteilungen genauer dargestellt.

Tabelle II.

Die einzelnen Berufsabteilungen der Erwerbstätigen (im engeren Sinne).

	1907	1895	1882
A. Landwirtschaft.			
Männl.	5 284 271	5 539 538	5 701 587
Weibl.	**4 598 986**	**2 753 154**	**2 534 909**
	9 883 257	8 292 692	8 236 496
B. Gewerbe.			
Männl.	9 152 330	6 760 102	5 269 489
Weibl.	**2 103 924**	**1 521 118**	**1 126 976**
	11 256 254	8 281 220	6 396 465
C. Handel und Verkehr.			
Männl.	2 546 253	1 758 903	1 272 208
Weibl.	**931 373**	**579 608**	**298 110**
	3 477 626	2 338 511	1 570 318

	1907	1895	1882
	D. Häusliche Dienste.		
Männl.	150 791	198 626	213 746
Weibl.	**320 904**	**233 865**	**183 836**
	471 695	432 491	397 582
	E. Öffentliche Dienste und freie Berufe.		
Männl.	1 450 219	1 249 313	915 875
Weibl.	**288 311**	**176 648**	**115 272**
	1 738 530	1 425 961	1 031 147

Tabelle III.

Prozentualer Anteil der einzelnen Berufsabteilungen an der Gesamtzahl der Erwerbstätigen des betreffenden Geschlechts.

	1907		1895		1882	
	Männl.	Weibl.	Männl.	Weibl.	Männl.	Weibl.
Landwirtschaft	28,4	**55,8**	35,7	**52,3**	42,6	**59,5**
Industrie	49,2	**25,6**	43,6	**28,9**	39,4	**26,4**
Handel und Verkehr . .	13,7	**11,3**	11,3	**11,0**	9,5	**6,9**
Öffentliche Dienste und freie Berufe	7,8	**3,5**	8,0	**3,3**	6,8	**2,6**
Häusliche Dienste . . .	0,8	**3,9**	1,3	**4,4**	1,6	**4,3**
	100	**100**	100	**100**	100	**100**

Die Zahl der Erwerbstätigen im Hauptberufe hat sich bei den drei Hauptabteilungen gesteigert, der Zuwachs seit 1882 ergibt bei der Landwirtschaft 19,99 %, beim Gewerbe 75,97 %, beim Handel und Verkehr 121,45 %.

4,6 Millionen Frauen finden hauptberuflich Erwerbsgelegenheit in der Landwirtschaft, das ist mehr als die Hälfte aller weiblichen Erwerbstätigen. Die sprunghafte Zunahme bei der letzten Berufszählung durch die genauere Erfassung der bei der Landwirtschaft beschäftigten Personen, hat des öfteren in Frauenkreisen ein falsches Bild der rapiden Entwicklung der Frauenerwerbsarbeit überhaupt hervorgerufen.

Wenn Hans Dorn meint, daß diese $4^1/_2$ Millionen Frauen wahrscheinlich bereits im Jahre 1895 genau so in der Landwirtschaft tätig gewesen seien wie jetzt, so ist das wohl etwas zu viel behauptet, wenn auch ein Teil so zu erklären ist, daß Nebenerwerb schärfer und manches früher als Nebenerwerb Bezeichnete als Hauptberuf erschienen sein mag.

Von der weiblichen Bevölkerung Deutschlands finden jetzt 14,71 % in der Landwirtschaft, 6,73 % im Gewerbe, 2,98 % im Handel und Verkehr ihren hauptberuflichen Erwerb.

Das Eindringen weiblicher Kräfte in Handel und Verkehr ist seit 1882 bedeutend schneller vor sich gegangen als bei der Landwirtschaft und Gewerbe. Die Zahl der weiblichen Erwerbstätigen im Hauptberuf ist in Handel und Verkehr gegen 1895 um 60,7 %, gegen 1882 um 212,43 % gewachsen, hat sich also mehr als verdreifacht, während die Gesamtzahl der Erwerbstätigen dieser Abteilung seit 1882 um 121,46 %, also erheblich langsamer gestiegen ist.

In der Industrie hat seit 1882 die Zahl der weiblichen Erwerbstätigen sich fast verdoppelt, aber die Anzahl der weiblichen Erwerbstätigen dieser Abteilung steht hinter der der männlichen Erwerbstätigen dieser Abteilung zurück; während in der Landwirtschaft auf fünf Männer vier Frauen entfallen, sind auf neun Männer, die in der Industrie beschäftigt sind, nur zwei Frauen in dieser Berufsabteilung tätig.

Die kleine Abteilung D (Dienende außerhalb der Wohnung ihrer Herrschaft lebend) wird später besprochen werden; die letzte Berufsabteilung, die der öffentlichen Dienste und freien Berufe, zeigt in einen Zeitraum von 25 Jahren für die weiblichen Erwerbstätigen fast eine Verdreifachung, für männlichen Erwerbstätigen noch keine Verzweifachung.

Der allgemeine Eindruck über den Zuwachs von weiblichen Erwerbstätigen ist, daß er ein ungeheuerer ist, daß 18½ Millionen hauptberuflich erwerbstätige Männer und 8¼ Millionen hauptberuflich erwerbstätige Frauen in der deutschen Volkswirtschaft beschäftigt sind.

Die Beobachtung der quantitativen Beteiligung der beiden Geschlechter an der volkswirtschaftlichen Arbeitsleistung wird durch die Zerlegung der drei ersten Berufsabteilungen nach Berufsgruppen in diesen wichtigsten Arbeitergebieten genauer dargestellt (Tabelle S. 68).

Am stärksten ist die weibliche Erwerbstätigkeit vertreten in dem

Bekleidungsgewerbe mit	721 445	weibl. Erwerbstätigen
Handel mit	545 177	„ „
Spinnstoffgewerbe mit	528 235	„ „
Gast- u. Schankwirtschaftsgewerbe mit	339 555	„ „
Nahrungs- u. Genußmittelgewerbe mit	248 962	„ „
Reinigungsgewerbe mit	161 739	„ „

Abgesehen von der Berufsgruppe Handelsgewerbe, sind in den obengenannten Berufsgruppen 1 999 936 weibliche Personen tätig. Wenn man zu dieser Zahl die 320 904 hauptberuflich erwerbstätigen

5*

Tab. IV. Erwerbstätige nach Berufsgruppen.

Alle Angaben nach 1000 hauptberuflichen Erwerbstätigen.

Berufsgruppen		Im Reiche		In den Großstädten		Auf dem Lande	
		Im ganzen	**davon weibl.**	Im ganzen	**davon weibl.**	Im ganzen	**davon weibl.**
A.							
I. Landwirtschaft. Gärtnerei, Tierzucht	1907	9 732	**4 586**	69	**18**	8 393	**4 002**
	1895	8 156	**2 746**	44	**10**		
II. Forstwirtschaft und Fischerei	1907	151	**13**	2	**0,05**	119	**11**
	1895	137	**7**	1	**0,07**		
B.							
III. Bergbau, Hütten- und Salzwerke, Torfgrab.	1907	963	**20**	92	**0,5**	200	**5**
	1895	568	**16**	13	**0,2**		
IV. Gewerbe der Steine und Erden	1907	715	**72**	51	**4**	342	**33**
	1895	501	**40**	30	**2**		
V. Metallverarbeitung .	1907	1 186	**73**	332	**19**	239	**12**
	1895	862	**36**	189	**7**		
VI. Maschinenbau . . .	1907	907	**43**	359	**22**	130	**4**
	1895	385	**12**	105	**4**		
VII. Chemisches Gewerbe .	1907	159	**26**	40	**9**	25	**3**
	1895	103	**15**	24	**3**		
VIII. Gewerbe d. Fette usw.	1907	76	**9**	31	**4**	8	**1**
	1895	43	**4**	15	**2**		
IX. Spinnstoffgewerbe .	1907	1 057	**528**	163	**85**	243	**125**
	1895	945	**428**	109	**50**		
X. Papiergewerbe . . .	1907	207	**67**	63	**27**	51	**13**
	1895	136	**39**	38	**14**		
XI. Ledergewerbe . . .	1907	219	**21**	70	**8**	37	**2**
	1895	168	**10**	44	**3**		
XII. Holz- und Schnitzstoffgewerbe	1907	788	**48**	194	**14**	235	**14**
	1895	647	**30**	137	**8**		
XIII. Nahrungs- u. Genußmittelgewerbe . . .	1907	1 128	**249**	268	**58**	309	**70**
	1895	878	**140**	163	**27**		
XIV. Bekleidungsgewerbe .	1907	1 422	**721**	483	**288**	334	**142**
	1895	1 322	**589**	347	**199**		
XV. Reinigungsgewerbe .	1907	270	**162**	108	**66**	29	**17**
	1895	191	**124**	66	**46**		
XVI. Baugewerbe	1907	1 906	**19**	419	**4**	682	**5**
	1895	1 354	**14**	252	**3**		
XVII. Druck- und Vervielfältigungsgewerbe .	1907	198	**38**	107	**23**	8	**1**
	1895	119	**15**	59	**9**		
XVIII. Künstlerisches Gew.	1907	37	**3**	20	**2**	3	**0,4**
	1895	28	**2**	13	**1**		
XIX. Gewerbliche Unternehmen usw. . . .	1907	19	**4**	6	**2**	5	**1**
	1895	30	**7**	4	**1**		
C.							
XX. Handelsgewerbe . .	1907	1 740	**545**	772	**227**	232	**88**
	1895	1 205	**300**	451	**99**		
XXI. Versicherungsgewerbe	1907	61	**4**	39	**3**	2	**0,08**
	1895	25	**0,6**	16	**0,4**		
XXII. Verkehrsgewerbe . .	1907	1 026	**43**	359	**18**	194	**9**
	1895	615	**18**	175	**4**		
XXIII. Gast- und Schankwirtschaft	1907	651	**340**	214	**104**	156	**87**
	1895	493	**261**	133	**65**		

Dienende (Berufsabteilung D) zählt, so hat man 2 320 840 weibliche Erwerbstätige oder 28 % aller weiblichen Erwerbstätigen, welche durch die Art ihrer Beschäftigung als Beweis dafür dienen können, daß nicht ihre Arbeit als solche, sondern die Arbeitsstätte, wo sie ihre Arbeit verrichten eine andere geworden ist. Denn diesen Arbeiten des Nähens, Spinnens, des Zubereitens von Nahrungs- und Genußmitteln, des Reinigens und des Bedienens hat auch früher die Frau obgelegen. Früher allerdings vollzog sich diese Obliegenheit im Schoße der Familie und für die Familie, zwischen Arbeiterin und Arbeitsprodukt bestand ein inneres Verhältnis, der Wohlstand der Familie ging unmittelbar mit diesen Leistungen Hand in Hand. Diese psychologisch so wertvollen Effekte werden heute nicht mehr dabei erreicht: die Freude bei der Herstellung von Teilprodukten kann nur der Zahl nach bemessen werden, denn diese Zahl ist oftmals der Maßstab für die Bemessung des Geldlohnes, und nur des Geldes wegen ist die Frau in diesen Arbeitsgebieten tätig. Wo die in Auftrag gegebene Arbeit im eigenen Heim erledigt wird, hat sie, wie die Heimarbeit lehrt, für die Familie kein erfreuliches Resultat gegeben; !iegt die Arbeitsstätte jedoch von der Wohnstätte getrennt, so ergeben sich besonders für die verheirateten weiblichen Erwerbstätigen und für die, welche einen Hausstand zu versorgen haben, die größten Schwierigkeiten. Tabelle IV gab Auskunft über den Wohnort; die Erwerbstätigen, welche in den 41 Großstädten (das sind Städte mit über 100 000 Einwohnern) leben, sind von denen, die „auf dem Lande" wohnen, geschieden. Das „Land" hat hier also eine sehr erweiterte Bedeutung bekommen. Die Berufsabteilungen A, B, C, für welche die Zahlen gegeben sind, zeigen, wenn die Berufsgruppen zusammengefaßt werden, daß in der Landwirtschaft 18 000 weiblich hauptberuflich Erwerbstätige in der Großstadt, 4 013 000 auf dem Lande leben, daß im Gewerbe 635 500 weibliche Erwerbstätige in der Großstadt, 448 400 auf dem Lande wohnen, daß beim Handel und Verkehr 352 000 in der Großstadt, 184 000 nicht in der Großstadt ihren Aufenthalt haben. Gewerbe und Handel geben somit für die weiblichen Erwerbstätigen am meisten Großstadtberufe ab. Und die Landwirtschaft beschäftigt, der Natur der Sache entsprechend, hauptsächlich ihre Erwerbstätigen auf dem Lande. In den Berufsgruppen der Berufsabteilungen B und C kann man gleichfalls von großstädtischen und ländlichen Berufen reden: demnach sind die Gruppen: Metallverarbeitung, Maschinenbau, Bekleidungs-, Reinigungs-, Druck- und sonstiges Vervielfältigungsgewerbe, Handels- und Verkehrsgewerbe, wie Gast- und Schankwirtschafts-, hauptsächlich großstädtische, Spinnstoff-, Nahrungs- und Genußmittelgewerbe vorwiegend ländliche Gewerbeberufe.

Quantitativ wäre hiermit ein kurzer Überblick über die weibliche hauptberufliche Erwerbstätigkeit im engeren Sinne gegeben. Ob diese quantitativ gewiß große Leistung auch als ein großartiger Erfolg für die Frau einzuschätzen ist, hängt hauptsächlich von der Stellung ab, die sie im Prozeß der gesellschaftlichen Arbeit einnimmt.

b) Die gesellschaftliche Gliederung.

v. d. Borght[1] sagt: „Zur Beurteilung der gesellschaftlichen Gliederung bietet die Berufszählung nur das Merkmal der Stellung im Beruf. Daß noch andere Merkmale von Bedeutung sind, wie Bildung, Besitz, Einkommen, ist klar. Sie sind aber in einer Berufszählung, die sich an das ganze Volk wendet, nicht mit zu erfassen. Das Merkmal der Berufsstellung ist namentlich dadurch von Wert, daß es über die wirtschaftliche Selbständigkeit und, soweit diese fehlt, über den Grad der wirtschaftlichen Abhängigkeit in großen Zügen Auskunft gibt. Die Zählung unterscheidet drei große gesellschaftliche Stufen: die „Selbständigen", die „nicht leitenden Beamten" und die „ausführenden Gehilfen und Arbeiter". Mit den Selbständigen werden in eine Stufe gesetzt die leitenden Beamten und sonstigen Geschäftsleiter; hierher sind also zu rechnen Eigentümer, Inhaber, Mitinhaber, Besitzer, Mitbesitzer, Pächter, Erbpächter, Handwerksmeister, Unternehmer, Direktoren usw. Auch die selbständigen Hausgewerbetreibenden gehören dazu.

Die zweite Stufe, die der „nicht leitenden Beamten", umspannt das wissenschaftlich, technisch oder kaufmännisch gebildete Verwaltungs-, Aufsichts-, Rechnungs- und Kontorpersonal. Die dritte Stufe umfaßt alle ausführenden Arbeitskräfte, wie Fabrikarbeiter, Gesellen, Gehilfen, Lehrlinge, mitarbeitende Familienangehörige usw. Im Handel werden hierher auch Handlungsgehilfen und Verkäufer in Ladengeschäften gerechnet.

Die hier vorgenommene qualitative Erfassung der Zahlen der Erwerbstätigen im Haupt- und Nebenberuf in den drei Hauptberufsabteilungen gibt, wie es bei v. d. Borght[2] nachzuschlagen ist, außer-

[1] Ebenda S. 39.

[2] Seite 39 und folgende.

Tabelle V.

Gesellschaftliche Gliederung der Erwerbstätigen.

Alle Angaben in 1000 Personen (hauptberuflich und nebenberuflich Erwerbstätige).

Gesellschaftliche Stufe und Berufsabteilung		Im Reiche im ganzen	Im Reiche davon weibl.	In den Großstädten im ganzen	In den Großstädten davon weibl.	Auf dem Lande im ganzen	Auf dem Lande davon weibl.
1. Selbständige:							
A. Landwirtschaft	1907	2 501	**328**	16	**2**	2 131	**265**
	1895	2 569	**347**	11	**1**	—	—
	1882	2 288	**277**	6	**0,7**	—	—
B. Gewerbe	1907	1 977	**477**	445	**145**	662	**129**
	1895	2 062	**519**	341	**116**	—	—
	1882	2 201	**579**	228	**98**	—	—
C. Handel und Verkehr	1907	1 012	**247**	340	**91**	216	**49**
	1895	844	**203**	238	**58**	—	—
	1882	702	**151**	125	**27**	—	—
2. Angestellte:							
A. Landwirtschaft	1907	99	**16**	3	**0,3**	82	**15**
	1895	96	**18**	1	**0,1**	—	—
	1882	67	**6**	0,8	**0,02**	—	—
B. Gewerbe	1907	686	**64**	256	**39**	85	**2**
	1895	264	**9**	76	**5**	—	—
	1882	99	**2**	18	**0,7**	—	—
C. Handel und Verkehr	1907	506	**80**	283	**55**	34	**4**
	1895	262	**12**	128	**8**	—	—
	1882	142	**3**	52	**1**	—	—
3. Arbeiter:							
A. Landwirtschaft	1907	7 283	**4 250**	53	**16**	6 298	**3 734**
	1895	5 628	**2 388**	33	**8**	—	—
	1882	5 882	**2 252**	14	**3**	—	—
B. Gewerbe	1907	8 593	**1 563**	2 106	**453**	2 133	**318**
	1895	5 956	**992**	1 191	**259**	—	—
	1882	4 096	**545**	498	**89**	—	—
C. Handel und Verkehr	1907	1 960	**605**	761	**206**	335	**132**
	1895	1 233	**365**	410	**102**	—	—
	1882	727	**144**	179	**32**	—	—

ordentlich wichtige Einblicke für die Entwicklung des gesamten Wirtschaftslebens: die stete Zunahme der absoluten Zahl der Arbeitskräfte und der Angestellten einerseits, die besonders im Gewerbe bedeutend abnehmende Zahl der Selbständigen andererseits.

Im Rahmen dieser Arbeit kann aber nicht auf allgemeine Gesichtspunkte eingegangen werden. Die Art der Beteiligung der weiblichen Bevölkerung an der produktiven Tätigkeit der Nation steht im Vordergrund unserer jetzigen Betrachtung.

Von der Gesamtzahl der Selbständigen, Angestellten und Arbeitskräfte sind im Jahre 1907 die Frauen

als Selbständige:

in der Landwirtschaft mit . . .	13,1 %
im Gewerbe mit	24,1 %
im Handel und Verkehr mit . .	24,4 %

als Angestellte:

in der Landwirtschaft mit . . .	16,0 %
im Gewerbe mit	9,3 %
im Handel und Verkehr mit . .	15,8 %

als Arbeitskräfte:

in der Landwirtschaft mit . . .	58,4 %
im Gewerbe mit	18,1 %
im Handel und Verkehr mit . .	30,8 %

vertreten.

In Tabelle V sieht man, daß bei den Arbeitskräften der Zuwachs im ganzen aus weiblicher Erwerbstätigkeit hervorgegangen ist. Diese Zahlen zeigen, daß es der letzten Berufszählung besser gelungen ist, wie bei früheren Zählungen, die „mithelfenden Familienangehörigen" genau zu erfassen. Ihre Zahl ist sowohl in der Landwirtschaft als im Handel seit 1895 rapid gestiegen. Tabelle V zeigt gleichfalls, wie sich die Gliederung auf Großstadt und Land verteilt. Soweit die Frau in Frage kommt, findet sie ihre größte Selbständigkeit auf dem Lande in der Ausübung landwirtschaftlicher Tätigkeit, dagegen liegt für sie in Gewerbe und Handel in beiden Fällen der Schwerpunkt in der Großstadt.

Wenn die „Angestellten" als kleinste und weniger wichtige Gruppe beiseite gelassen werden, finden wir in Tabelle VI die Selbständigen und Arbeitskräfte nach Berufsgruppen unterschieden.

Die höchste Zahl der weiblichen Selbständigen finden wir in den Berufsgruppen der Landwirtschaft, Gärtnerei und Tierzucht, aber gleichfalls die größte Zahl der Arbeitskräfte. In der Berufsabteilung Gewerbe nimmt die Berufsgruppe des Bekleidungsgewerbes, was die Selbständigkeit der Frau anbetrifft, den ersten Platz ein, weit hinter ihr zurück bleiben die Gruppen XV, IX und XIII. Dagegen ist das Spinnstoffgewerbe (IX) durch die höchste absolute Zahl der weiblichen Arbeitskräfte, d. h. der Arbeiterinnen ausgezeichnet, darauf folgen das Bekleidungs- und Nahrungs- und

Tabelle VI.

Selbständige (1) und Arbeiter (2) nach Berufsgruppen.

Berufsgruppen		Im Reiche Selbständige(1) im ganzen	Selbständige(1) davon weibl.	Arbeiter(2) im ganzen	Arbeiter(2) davon weibl.
A.					
I. Landwirtschaft, Gärtnerei usw.	1907	2 483	**328**	7 170	**4 242**
	1895	2 549	**347**	5 529	**2 381**
II. Forstwirtschaft und Gärtnerei	1907	18	**0,35**	114	**13**
	1895	20	**0,34**	99	**4**
B.					
III. Bergwerk, Hütten-, Salzwerke und Torfgräberei	1907	4	**0,07**	903	**19**
	1895	3	**0,1**	541	**15**
IV. Gewerbe der Steine und Erden	1907	37	**2**	645	**69**
	1895	35	**2**	455	**38**
V. Metallverarbeitung	1907	144	**5**	994	**64**
	1895	150	**4**	696	**32**
VI. Maschinenbau, Werkzeugherstellung usw.	1907	87	**2**	700	**34**
	1895	85	**2**	269	**10**
VII. Chemisches Gewerbe	1907	13	**0,7**	122	**23**
	1895	10	**0.4**	82	**14**
VIII. Gewerbe der Fette, Leuchtstoffe usw.	1907	5	**0,3**	57	**8**
	1895	5	**0,3**	33	**4**
IX. Spinnstoffgewerbe	1907	123	**54**	857	**466**
	1895	199	**72**	709	**355**
X. Papiergewerbe	1907	18	**2**	173	**63**
	1895	16	**1**	113	**37**
XI. Ledergewerbe	1907	49	**2**	158	**18**
	1895	47	**1**	117	**9**
XII. Holz- und Schnitzstoffgewerbe	1907	190	**11**	572	**35**
	1895	207	**9**	430	**21**
XIII. Nahrungs- u. Genußmittelgewerbe	1907	269	**21**	790	**222**
	1895	230	**14**	614	**125**
XIV. Bekleidungsgewerbe	1907	667	**297**	707	**404**
	1895	742	**336**	565	**249**
XV. Reinigungsgewerbe	1907	122	**74**	144	**86**
	1895	104	**74**	86	**50**
XVI. Baugewerbe	1907	215	**3**	1 571	**14**
	1895	202	**2**	1 101	**12**
XVII. Druck- und sonstiges Vervielfältigungsgewerbe	1907	19	**1**	163	**34**
	1895	13	**1**	101	**14**
XVIII. Künstlerisches Gewerbe	1907	13	**2**	22	**1**
	1895	10	**1**	17	**1**
XIX. Gewerbliche Unternehmen, Arbeiter, Gesellen usw.	1907	2	**0,1**	15	**4**
	1895	1	**0,06**	28	**6**
C.					
XX. Handelsgewerbe	1907	667	**170**	804	**327**
	1895	578	**147**	485	**145**
XXI. Versicherungsgewerbe	1907	14	**0,2**	4	**0,2**
	1895	7	**0,07**	1	**0,04**
XXII. Verkehrsgewerbe	1907	93	**7**	745	**11**
	1895	82	**9**	432	**6**
XXIII. Gast- und Schankwirtschaft	1907	239	**70**	406	**267**
	1895	176	**47**	314	**214**

Genußmittelgewerbe, viel später folgen dann das Reinigungsgewerbe und das Gewerbe der Steine und Erden und das Papiergewerbe.

Da zu den Selbständigen auch die Gewerbetreibenden, die in der eigenen Wohnung für ein fremdes Geschäft arbeiten, gehören, diese aber wirtschaftlich kaum zu den Selbständigen gerechnet werden dürfen, ist es von Interesse, diese Art der Selbständigen etwas genauer anzusehen.

Mit Ausnahme der Berufsgruppe Gärtnerei, in der 115 selbständige Hausgewerbetreibende (19 davon sind weiblich) gezählt wurden, gehören diese Personen sonst nur dem Gewerbe an. Es wurden 250 503 selbständige Hausgewerbetreibende überhaupt gezählt, oder 14,5 % der in diesen Gruppen selbständig hauptberuflich Erwerbstätigen. Davon waren 134 678 weiblichen Geschlechts, oder 54,8 % aller selbständigen Gewerbetreibenden. Auch hier wieder dieselbe Erscheinung: das Frauengeschlecht ist dort am meisten beschäftigt, wo die wirtschaftliche Lage eine gedrückte ist.

Tabelle VII.

Hausgewerbetreibende (Selbständige).

Berufsgruppe	Personen überhaupt	**davon weiblich**	von 100 selbst Hausgewerbetreibende waren weiblich
A.			
Gärtnerei	115	**19**	16,5
			—
B.			
Hüttenbau	3	—	
Gewerbe der Steine	3 621	**762**	21,0
Metallverarbeitung	8 996	**1 593**	17,7
Maschinenbau	4 275	**846**	19,7
Chemische Industrie	323	**310**	95,9
Gewerbe der Fette	58	**35**	60,3
Textilgewerbe	81 571	**43 584**	53,4
Papiergewerbe	3 449	**1 672**	47,9
Ledergewerbe	2 932	**553**	18,8
Holzgewerbe	15 636	**6 352**	40,6
Nahrungsindustrie	14 723	**7 857**	53,3
Bekleidungsindustrie	109 399	**69 500**	63,5
Reinigungsgewerbe	1 479	**1 427**	96,5
Baugewerbe	95	**5**	5,2
Polygraphisches Gewerbe	432	**143**	33,1
Künstlerisches Gewerbe	662	**40**	6,0
	248 769	**134 698**	

Bedenklich für die allgemeine Volksgesundheit, wie für die Gesundheit der Hausgewerbetreibenden und ihrer Angehörigen scheint es zu sein, daß auch Produkte, die direkt zur Konsumtion gelangen, in den engen Räumen dieser „kleinen" Selbständigen angefertigt werden.

In Handel und Verkehr stellen sich in der Berufsgruppe „Handelsgewerbe" ein Viertel aller Selbständigen als Frauen ein, auch die weiblichen Arbeitskräfte betragen drei Achtel der Gesamtzahl aller Arbeitskräfte: dies sind vielfach Handlungsgehilfinnen und Ladnerinnen. Die hohe Zahl der weiblichen Arbeitskräfte überhaupt, ist nicht nur für die Landwirtschaft, sondern auch für Handel und Verkehr, ja sogar auch für das Gewerbe stark durch die schon erwähnten mithelfenden Familienangehörigen beeinflußt. Im ganzen sind bei diesen drei Abteilungen im Jahre 1907: 4,3 Millionen mithelfende Familienangehörige tätig, davon sind 3,2 Millionen, oder 74,1 % weiblichen Geschlechts. Von diesen entfallen auf die Berufsabteilung Landwirtschaft ungefähr 2,8 Millionen, auf Handel und Verkehr 234 000 und auf das Gewerbe 106 400 weibliche Personen. Die Zahl der Arbeitskräfte durch die Zahl der mithelfenden Familienangehörigen vermindert gibt die Gesamtzahl der eigentlichen Arbeiter, d. i. 13½ Millionen, 24 % davon sind weiblich, oder 3¼ Millionen Arbeiterinnen im weiteren Sinne wurden 1907 gezählt für Landwirtschaft, Gewerbe, Handel und Verkehr. Den Grundzahlen nach kommt die Landwirtschaft mit ihren 1,41 Millionen weiblichen Arbeitern nicht mehr ganz an die Abteilung Gewerbe heran, die schon rund 43 000 weibliche Arbeiter mehr hat. Für die Beschäftigungsmöglichkeit gilt für die weiblichen mithelfenden Familienangehörigen dasselbe wie für die des weiblichen Geschlechts überhaupt. Es weisen mithelfende weibliche Familienangehörige auf: das Reinigungsgewerbe 6756, die Textilindustrie 9304, das Bekleidungsgewerbe 28 144, die Industrie der Nahrungs- und Genußmittel 48 997, das Handelsgewerbe 118 241 und das Gewerbe für Gast- und Schankwirtschaft 110 883.

Die Arbeiter im engeren Sinne sind gelernte oder ungelernte Arbeiter. Obwohl die Grenze zwischen gelernter und ungelernter Arbeit oft schwierig festzustellen ist, so hat doch die Berufszählung für fast alle Berufsgruppen (mit Ausnahme der Gruppe Forstwirtschaft und Jagd, und der letzten gewerblichen Gruppe der Fabrikanten, Gesellen und Gehilfen, und der Gruppe für Post-, Telegraphen- und Eisenbahnbetrieb) diese Teilung vorgenommen. Das Resultat dieser Teilung liegt in Tabelle VIII vor.

Die absolute Zahl der gelernten weiblichen Arbeiter übertrifft die der ungelernten. Der prozentuale Anteil von gelernten und ungelernten weiblichen Arbeiterinnen zu der Gesamtzahl aller Arbeiter beider Kategorien ist annähernd gleich.

Tabelle VIII.

Gelernte und ungelernte Arbeiter in Berufsgruppen.

Berufsgruppen	Gelernte Arbeiter männlich	Gelernte Arbeiter **weiblich**	Ungelernte Arbeiter männlich	Ungelernte Arbeiter **weiblich**
A.				
Ia. Landwirtschaft	707 538	**625 179**	283 717	**45 673**
Ib. Gärtnerei und Tierzucht	67 092	**2 623**	21 636	**14 027**
IIb. Fischerei	5 656	**37**	2 429	**189**
B.				
III. Bergbau usw.	411 614	**549**	472 077	**18 597**
IV. Gewerbe der Steine . .	168 519	**11 219**	405 580	**56 841**
V. Metallverarbeitung . .	750 880	**17 880**	176 181	**44 505**
VI. Maschinenbau usw. . .	428 183	**4 981**	237 051	**28 011**
VII. Chemisches Gewerbe . .	11 867	**1 043**	87 245	**21 840**
VIII. Gewerbe der Fette usw.	3 651	**202**	45 476	**7 461**
IX. Spinngewerbe	196 438	**189 913**	192 400	**266 993**
X. Papiergewerbe.	39 502	**3 472**	70 603	**58 444**
XI. Ledergewerbe	90 339	**2 434**	49 637	**14 312**
XII. Holz- u. Schnitzstoffgew.	415 519	**8 462**	117 030	**21 084**
XIII. Nahrungsmittelgewerbe.	377 852	**67 013**	181 904	**105 603**
XIV. Bekleidungsgewerbe . .	266 085	**317 795**	33 682	**57 940**
XV. Reinigungsgewerbe . .	46 794	**21 300**	10 765	**57 628**
XVI. Baugewerbe	936 882	**205**	617 995	**12 941**
XVII. Druck- und sonstiges Vervielfältigungsgewerbe	113 366	**3 848**	15 801	**29 524**
XVIII. Künstlerisches Gewerbe .	20 048	**708**	906	**272**
C.				
XX. Handelsgewerbe	232 774	**173 611**	228 033	**35 046**
XXI. Versicherungsgewerbe .	490	**16**	3 127	**155**
XXIIb Verkehrsgewerbe. . . .	74 454	**124**	163 472	**4 098**
XXII Gast- u. Schankwirtschaft	65 504	**32 496**	64 551	**123 551**
	5 431 047	**1 485 110**	3 411 298	**1 014 735**

Gelernte Arbeiter zusammen . . . . . . 6 916 157 davon 21,4% weiblich.

Ungelernte Arbeiter zusammen . . . . . . 4 426 033 davon 22,9% weiblich.

Arbeiter zusammen . . 11 342 190 davon 22,0% weiblich.

Die ungelernte Arbeit der Frau ist im Spinngewerbe der Zahl der Arbeitenden nach höher als die des Mannes, dagegen kommt die gelernte Frauenarbeit in diesem Gewerbe der des Mannes fast gleich. Das Spinnstoffgewerbe ist ein sogenanntes „weibliches“ Gewerbe. Das wirtschaftlich Typische ist dann auch, daß hier der Männerlohn herabsinkt zu dem Niveau der Frauenlöhne; trotzdem bleibt ersterer noch immer etwas höher als letzterer.

Den „weiblichen" Gewerben stehen „männliche" gegenüber. Im Bergbau, im Gewerbe der Steine und der Erden ist, auch durch gewisse Schutzbestimmungen und Arbeitsverbote (R. Gew. O.) für das weibliche Geschlecht, eine Einschränkung von Frauenarbeit gegeben. Bei der Metallverarbeitung und beim Maschinenbau stehen sowohl den gelernten als den ungelernten Arbeitern verhältnismäßig wenig weibliche Arbeiter gegenüber, in der sog. schweren Industrie ist der weibliche Prozentsatz verschwindend gering, im Baugewerbe wie im künstlerischen Gewerbe hat der männliche Arbeiter absolut wie relativ das Übergewicht. Sieht man gewisse Berufsarten im Gewerbe daraufhin an, ob die Beteiligung des weiblichen Geschlechts überhaupt eine Rolle in denselben spielt, so fällt auf, daß die Berufsarten, die vom Handwerkerstand ausgeübt werden, wenig Frauen unter den Erwerbstätigen aufweisen. Jedoch kommen dort in leitender Stelle relativ viel Frauen vor, es handelt sich zwar nicht mehr um die Frau Meisterin der Zunftzeit, sondern öfters nur um die „Inhaberin" eines ererbten Geschäftes. Dagegen kommen in den Berufsgruppen, deren handwerksmäßiger Charakter durch die Industrialisierung bedroht ist, sowohl gelernte wie ungelernte Arbeiterinnen vor, z. B. in der Schuhmacherei, oder auch dort wo durch den Ladenverkauf eine große Beteiligung von Ladnerinnen erforderlich ist. Sonst sind Böttcher, Büchsenmacher, Tapezierer, Stellmacher, Grob- wie andere Schmiede, Maurer, Zimmerer usw. durch ihre Innungsverfassungen an männliche Arbeitsleistungen der Hauptsache nach gebunden. Die ganze Alkoholindustrie zeigt sich als ein männliches Gewerbe, nur 5,4 % der Arbeiter sind weiblichen Geschlechts. Dagegen sind die weiblichen Arbeitskräfte am häufigsten und am meisten in den Industriezweigen vertreten, die entweder durch ihre Notlage, oder durch die besonders ungünstige oder ungesunde Beschäftigung von sich reden machen, so z. B. in der Zündwaren- und Tabakindustrie, in der Fischsalzerei und Konservenfabrikation, in Gummi- und Haarflechterei, in den verschiedenen Spielwaren- und Textilindustrien wie in Konfektionsbranchen und Plättanstalten.

Als Selbständige im Hauptberuf sind die weiblichen Erwerbstätigen nur von den 116 gezählten gewerblichen Berufsarten in denen der Strickerei und Wirkerei, der Häkelei, Stickerei und Spitzenfabrikation, bei den Näher- und Näherinnen, in der Wäschekonfektion, Putzmacherei, Verfertigung von Korsetts und in Wasch- und Plättanstalten in der Mehrzahl gegenüber ihren männlichen Kollegen.

In der Berufsabteilung Handel und Verkehr hat die Frau nur als Leichenbesorgerin und als Stellenvermittlerin die Ehre als Selbständige über den Mann zu siegen.

Die Einblicke in die soziale Gliederung haben die Frau hier und dort als „Selbständige" im Hauptberuf gezeigt. Jedoch ist das Wort „selbständig" ein leerer Begriff, wenn man nicht weiß, wie groß der Kreis ist über den die Selbständigkeit im Beruf sich erstreckt. Der Hausindustrielle wie der Majoratsherr sie sind beide „selbständig" im Sinne der Statistik, ihre wirtschaftliche Machtsphäre jedoch ist eine ganz verschiedene. Da die wirtschaftliche Machtstellung im politischen Leben von großer und oft ausschlaggebender Bedeutung ist, so ist es im Interesse der Frau sehr wichtig zu erfahren, ob sie als „Selbständige im Beruf" über eine solche Machtsfülle verfügt, daß sie den politischen Wünschen, welche durch quantitative Mitarbeit der Frau in der Volkswirtschaft berechtigt erscheinen, durch ihre wirtschaftliche Stärke, durch ihre Stellung im Beruf Nachdruck verleihen kann.

Nicht nur, daß die Frau als Selbständige gezählt wurde, sondern auch w o sie als Selbständige ihren Platz behauptet, muß deshalb noch kurz untersucht werden.

Tabelle IX.

I. Die landwirt-

Größenklassen (landwirtschaftlich benützte Fläche)	Jahreszahl	Zahl der landwirtschaftlichen Betriebe	Am Zählungstag: Zahl der Personen überhaupt (**davon weiblich**)
Unter 0,1 a	1907	1 361	799 **525**
1. 0,1 a bis unter 2 ha. . . .		3 377 148	4 352 253 **3 028 334**
2. 2 ha bis unter 5 ha. . . .		1 006 277	2 913 877 **1 583 252**
3. 5 ha bis unter 20 ha. . . .		1 065 539	4 595 858 **2 270 970**
4. 20 ha bis unter 100 ha. . . .		262 191	2 069 433 **929 535**
5. 100 ha bis zu 1000 ha u. darüber		23 566	1 237 329 **509 105**
	1907	5 736 082	15 169 549 **8 321 721**

c) Die Betriebe.

Die Berufszählung hat nach den verschiedenen Richtungen hin, die Betriebe untersucht; für diese spezielle Beobachtung hat aber z. B. die Bestellung des Ackerlandes, der Viehbestand, die Anwendung von landwirtschaftlichen Maschinen oder Motoren keine besondere Bedeutung, dagegen fällt in den Rahmen dieser Arbeit die Zahl der weiblichen Betriebsinhaber, wie auch die Zahl der Arbeiter und der Familienstand der erwerbstätigen Arbeiterinnen.

Bei Berechnung der Gesamtzahlen der in der Landwirtschaft und Gewerbe erwerbstätigen Personen ergeben sich, abweichend von den in den vorhergehenden Tabellen enthaltenen Angaben, andere Zahlen, sobald der Berechnung die Einteilung nach Betrieben zugrunde gelegt wird, weil für die Zuteilung zu den einzelnen Berufsabteilungen andere Merkmale entscheidend sind. Hieraus erklären sich gewisse Verschiebungen innerhalb derselben Gruppen von Erwerbstätigen.

Die landwirtschaftlichen Betriebe sind in dieser Arbeit nur nach landwirtschaftlich benutzten Bodenflächen in Größenklassen eingeteilt, die gewerblichen Betriebe dagegen nur nach der in ihnen beschäftigten Personenzahl.

Tabelle IX.

schaftliche Betriebe.

I. Familienangehörige (**davon weiblich**)		II. Betriebsleiter überhaupt (**davon weiblich**)	III. Angestellte (**davon weiblich**)	IV. Arbeitskräfte (**davon weiblich**)	
davon ständig beschäftigt	dav. vorübergeh. beschäft.			davon ständig beschäftigt	dav. vorübergeh. beschäft.
97	265	187	15	76	159
91	**254**	**56**	**—**	**3**	**121**
1 142 574	1 808 171	900 611	3 589	101 715	395 593
1 012 941	**1 500 038**	**258 005**	**955**	**59 617**	**196 778**
1 193 066	554 367	755 133	2 686	128 235	280 390
920 203	**376 646**	**73 917**	**555**	**71 662**	**140 269**
1 873 573	529 467	993 247	6 579	627 449	565 543
1 247 274	**358 981**	**57 062**	**1 614**	**312 791**	**293 248**
460 791	115 268	256 560	13 723	822 005	401 086
275 514	**82 948**	**13 585**	**3 577**	**341 333**	**212 578**
10 384	4 092	23 755	50 570	749 203	399 325
6 193	**3 052**	**775**	**6 229**	**278 618**	**214 238**
4 680 485	3 011 630	2 929 493	77 162	2 428 683	2 042 096
3 462 216	**2 321 919**	**403 400**	**12 930**	**1 064 024**	**1 057 232**

Die Betriebe sind in fünf Größenklassen zusammengefaßt, außerdem sind die allerkleinsten Betriebe extra verzeichnet. Die Gruppen 1, 2 und 3 gelten noch v. d. Borght[1] als „Tagelöhnerbetriebe", denn obwohl die Gruppe 2 als „Kleinbauerstelle", die Gruppe 3 als „Mittelbauerstelle" benannt wird, so verrichten ihre Eigentümer, bzw. Pächter als „Nebenerwerb" auch Tagelöhnerdienste.

Die Tabelle zeigt, daß von den 15 Millionen Berufspersonen 10,12 Millionen als „ständige Arbeitskräfte" verzeichnet sind. Von diesem sind 48,86 % weiblichen Geschlechts. Von den „vorübergehend beschäftigten" Betriebspersonen gehören ungefähr drei Fünftel dem weiblichen Geschlecht an. In Spalte 5 der Tabelle IX wird die Zahl der Familienangehörigen, die sowohl durch ihre ständige als vorübergehende Arbeitsleistung der Landwirtschaft zu gute kommen, aufgeführt. Sie machen die Hälfte aller Betriebspersonen aus, und 75 % von ihnen sind weiblich. Wird die Einheit des Betriebes größer, dann nimmt die Zahl der Familienangehörigen selbstverständlich ab, und steigt die Zahl der fremden Arbeitskräfte. Hieraus folgt, daß in den kleinen landwirtschaftlichen Betrieben für die zu leistende Arbeit mit mehr Sicherheit auf genügende Hülfe gerechnet werden kann, als in den Großbetrieben.

Je kleiner die Betriebe, je größer die Zahl der weiblichen Betriebsleiter:

In den Betrieben unter 0,1 a sind				. . . .	29 %
„ „ „	von 0,1 a	bis unter	2 ha	sind	28 %
„ „ „	„ 2 ha	„ „	5 ha	„	9 %
„ „ „	„ 5 ha	„ „	20 ha	„	5 %
„ „ „	„ 20 ha	„ „	100 ha	„	5 %
„ „ „	„ 100 ha	bis zu	1000 ha u. darüber		3 %

der Gesamtzahl der Betriebsleiter weiblich.

Die weiblichen „Angestellten" spielen in den landwirtschaftlichen Betrieben keine bedeutende Rolle. In den Zwergbetrieben gibt es zwar 15 männliche Angestellte, aber keine weiblichen, dagegen sind in

Gruppe 1	26 %
„ 2	28 %
„ 3	24 %
„ 4	26 %
„ 5	12 %

der Gesamtzahl der Angestellten weiblich.

[1] Ebenda Seite 75.

Zusammenfassend kann man für die Beteiligung des weiblichen Geschlechts in den landwirtschaftlichen Betrieben sagen, daß es an leitender Stelle nur selten und dann nicht in den größten Betrieben vertreten ist, auch kommen weibliche Angestellte in den größten Betrieben selten vor.

II. Die gewerblichen Betriebe.

Zu den gewerblichen Betrieben gehören auch gewisse landwirtschaftliche Unternehmungen, dagegen sind die Eisenbahn-, Post- und Drahtnachrichtenbetriebe nicht hinzugerechnet. Die folgende Tabelle gibt nur von den am Zählungstage beschäftigten Personen eine Spezialisierung. In allen Gewerbegruppen zusammen ist das weibliche Geschlecht mit 3,1 Millionen (gegen 8,3 Millionen in der Landwirtschaft) vertreten, das sind 24,2 % der Gesamtzahl der Betriebspersonen.

Gegen 1895 sind rund 1,2 Millionen (oder 51 %) gegen 1882 rund 2 Millionen weibliche Betriebspersonen (oder 134 %) hinzugekommen. Sie haben im Verhältnis eine schnellere Zunahme gehabt als die männlichen Betriebspersonen.

Die weiblichen Betriebspersonen treten in besonderer Menge auf im Handels-, Bekleidungs-, Spinnstoff-, Schank- und Gastwirtschafts- und Nahrungs- und Genußmittelgewerbe. Diese fünf Gewerbegruppen weisen rund 2,8 Millionen, also fast vier Fünftel aller weiblichen gewerblichen Betriebspersonen auf.

Im Jahre 1907 waren 332 543 oder 9,4 % der weiblichen gewerblichen Betriebspersonen verheiratet und zwar zeigt sich für die verheiratete Frau die absolute Höchstbeteiligung in folgenden Gewerben: Spinnstoff, Nahrungs- und Genußmittel, der Steine und Erden, Bekleidung und Metallverarbeitung, sowie in der Gast- und Schankwirtschaft. Am wenigsten sind verheiratete Frauen im Versicherungs- und Verkehrs-, dem künstlerischen Gewerbe und bei der Tierzucht tätig. Die Zahl der weiblichen gewerblichen Betriebspersonen ist seit 1895—1907 wie folgt gestiegen:

	1895	1907
im ganzen	2 339 325	3 510 464
davon verheiratete Frauen . .	160 498	332 543

Demnach haben die Verheirateten zugenommen wie 1000 : 2032, die Nichtverheirateten wie 1000 : 1459. Die Zahl der verheirateten Frauen hat also mehr als doppelt so rasch zugenommen als die der unverheirateten. Von den weiblichen Betriebspersonen leben ungefähr

Gewerbliche Betriebspersonen.

Alle Angaben in 1000 Personen

Abteilung und Gruppen	Zahl der Betriebe im ganzen in 1000 Betrieben	Betriebspersonen im Ganzen	Betriebspersonen davon weiblich	Betriebspersonen verheiratete Arbeiterinnen
Insgesamt	4 060	14 436	**3 530**	**333**
Gewerbeabteilungen:				
A.				
Gärtnerei	64	154	**37**	**6**
B.				
Gewerbe	2 326	10 853	**2 173**	**278**
C.				
Handel und Verkehr	1 670	3 429	**1 320**	**48**
Gewerbegruppen:				
A.				
I. Gärtnerei usw.	37	120	**34**	**5**
II. Tierzucht.	27	34	**3**	**0,1**
B.				
III. Bergbau usw.	6	861	**21**	**3**
IV. Gewerbe der Steine . . .	52	771	**84**	**20**
V. Metallverarbeitung . . .	167	937	**83**	**16**
VI. Maschinenbau	108	1 120	**54**	**7**
VII. Chemisches Gewerbe . . .	11	172	**28**	**7**
VIII. Gewerbe der Fette. . . .	7	93	**11**	**2**
IX. Spinnstoffgewerbe	161	1 088	**558**	**114**
X. Papiergewerbe	21	231	**79**	**12**
XI. Ledergewerbe	54	207	**25**	**4**
XII. Holzgewerbe	241	771	**63**	**8**
XIII. Nahrungsgewerbe	360	1 240	**336**	**48**
XIV. Bekleidungsgewerbe . . .	733	1 304	**620**	**18**
XV. Reinigungsgewerbe . . .	138	255	**139**	**8**
XVI. Baugewerbe	233	1 564	**20**	**3**
XVII. Druckgewerbe	20	209	**46**	**8**
XVIII. Künstliches Gewerbe . . .	13	30	**3**	**0,2**
C.				
XIX. Handelsgewerbe	1 088	2 064	**792**	**31**
XX. Versicherungsgewerbe . .	59	69	**4**	**0,2**
XXI. Verkehrsgewerbe mit Ausnahme der Eisenbahn-, Post- u. Drahtnachrichtenbetriebe	114	405	**16**	**1**
XXII. Gast- und Schankgewerbe.	174	804	**488**	**15**

33 % in den Großstädten; 26,3 % aller verheirateten gewerblichen Arbeiterinnen leben in der Großstadt. Während für den weiblichen Anteil der Beschäftigung im allgemeinen in erster Stelle das Handels-, Bekleidungs-, Gast- und Schankwirtschaft-, Spinnstoff-, Nahrungs- und Genußmittel-, Reinigungs- und Papiergewerbe stehen, verschiebt sich die Reihenfolge für die verheirateten Arbeiterinnen, indem sie am häufigsten im Spinnstoff-, Handels-, Nahrungs-, Bekleidungs-, Druckgewerbe wie bei der Metallverarbeitung, beim Papier-, Reinigungs- und Gast- und Schankwirtschaftsgewerbe gezählt wurden.

Hiermit schließen wir den kurzen Überblick über die weibliche Erwerbstätigkeit in Landwirtschaft, Gewerbe und Handel. Es bleibt noch die Behandlung der Zahlen über die Erwerbstätigkeit in den freien Berufen und die der Berufslosen übrig.

d) Die öffentlichen Dienste und freien Berufe, wie die Berufslosen.

Die Berufsabteilung E der öffentlichen Dienste und freien Berufe fällt zwar quantitativ nicht sehr ins Gewicht, um so mehr finden sich in ihr für die Frau die bedeutendsten Daten. Denn diese Abteilung zählt außer dem Militär, die Verwaltungsbeamten aller Art, die im Kirchendienst, Bildungswesen und Gesundheitspflege tätigen Personen, auch die freien Gelehrten und Künstler zu ihren Erwerbstätigen. Mit Ausnahme des Militärs, sind in allen diesen Berufsgruppen Frauen verzeichnet, und zwar sind sie hier unter den in selbständiger Stellung verzeichneten Personen recht häufig. Von der 1738530 Personen umfassenden Berufsabteilung E sind 288311 Personen weiblichen Geschlechts, von denen die Hälfte in selbständiger Stellung aufgeführt ist. Diese 145428 selbständigen Personen verteilen sich folgendermaßen: 294 weibliche Personen üben als Hof- oder Palastdame, sowie als Vorsteherin von Fürsorgeanstalten ihr Amt aus, 730 sind Leiterinnen religiöser Anstalten, 89110 widmen sich dem Bildungs-, Erziehungs-, Unterrichts- und Bibliothekwesen, 31967 füllen in der Gesundheitspflege eine leitende Stelle aus, 892 sind Schriftstellerinnen oder Journalistinnen, 1984 sind selbständige Stenographinnen usw., und 20451 üben einen selbständigen künstlerischen Beruf aus. Die Krankenpflegerinnen, die mit dem Wartepersonal zusammengerechnet sind, gehören nicht zu den Selbständigen, sondern zu den „Arbeitskräften".

Die Berufsabteilung der Berufslosen zählt 1792207 weibliche Personen, wovon nicht weniger als 1226608 vom arbeitslosen Einkommen leben, d. i. 53 % dieser Gruppe. Als Unterstützte aller Art wurden 121 051 Frauen oder 34 % aller Unterstützten gezählt, 13 424 Frauen (20 %) verbüßten in Straf- oder Besserungsanstalten eine Strafe, 243 082 (40 %) wohnten als Schülerinnen, Zöglinge und Studierende nicht im Haushalte ihrer Familie; zuletzt wurden 85 392 (79 %) weibliche Personen ohne Berufsangabe gezählt. Diese Abteilung enthält solche Personen, die nicht bei den anderen Abteilungen untergebracht werden können [1]. Eine Vereinigung von Erwerbstätigkeit und Selbständigkeit kommt hier nicht vor, auch die letzte Eigenschaft fehlt häufig. Es ist wichtig, daß gerade die Zahl der Personen, die von Zinsen aus eigenem Vermögen, von Renten oder von Ruhegehalt leben, und die den Hauptteil dieser Abteilung ausmachen besonders zugenommen hat. Ihnen waren 1895 rund 1,29 Millionen, 1907 rund 2,28 Millionen Personen zuzurechnen, so daß ihre Zahl seit 1895 um 76,8 % zugenommeu hat. Stark ist auch die Zunahme gegen 1895 bei den zu dieser Gruppe gehörigen Insassen von Siechen- und Irrenhäusern — 56,4 %, bei den nicht in ihrer Familie lebenden Schülern, Studierenden, Zöglingen usw. — 46,3 % — und bei den Insassen von Invaliden-, Versorgungs- und Wohltätigkeitsanstalten — 23,1 %. Dagegen hat sich die Zahl der Insassen von Armenhäusern und noch mehr die Zahl der von sonstigen Unterstützungen Lebenden so sehr vermindert, daß selbst die Grundzahlen kleiner geworden sind. Fürwahr ein gutes Zeichen der Entwicklung von sozialer und privater Fürsorge, von der gestiegenen Betriebsamkeit im allgemeinen.

Die Berufsabteilung der Berufslosen umfaßt eine große Zahl von Anstaltsverpflegten, deren Zahl im Anfang des vorigen Kapitels für 1905 mit 1 864 024 Personen angegeben wurde, eine Zahl, die wir damals nur für Württemberg zergliedern konnten, die aber für das Reich durch die Berufszählung bedeutend klarer gestellt wird. Im Jahre 1907 waren fast 900 000 Personen, inklusive 650 000 Mann Militär, Anstaltsverpflegte in Militär-, Invaliden-, Kranken- und anderen Anstalten. Somit wissen wir ungefähr über die Hälfte der Personen, welche in Anstalten gezählt wurden, genauer Bescheid; die zweite Hälfte umfaßt Reisende, wie die in Heimen und Pensionen lebenden Personen.

Der Rückblick für die Berufslosen und das in Verbindungsetzen dieser Berufsabteilung mit dem Ausgangspunkt der Verteilung aller

[1] Hierin gehören auch die berufslosen und unter sittenpolizeilicher Kontrole stehenden Prostituierten.

Konsumenten auf Familie und Anstalt, legt es nahe das Gleiche für die Familienhaushalte und die Erwerbstätigen zu versuchen.

Abgesehen von der großen Gruppe der Landwirtschaft, in der die Erwerbsarbeit der Frau mit der Arbeit in der Hauswirtschaft des öfteren eng zusammenhängt, erscheinen die Haushalte der verheirateten Arbeiterinnen, die Mutterpflichten zu erfüllen haben, durch die doppelte Inanspruchnahme der Hausfrau besonders gefährdet.

Die materiellen Aufgaben, welche die Konsumtion, besonders die Nahrungsmittelkonsumtion stellt, können ebenso wenig, wie die höheren Aufgaben bei der Last von Arbeit, welche die Haus- und Erwerbsfrau übernommen hat, befriedigend gelöst werden. Aber es handelt sich hier nur um einen kleinen, wenn auch wachsenden Teil aller Haushalte überhaupt. Inwieweit die Familienhaushalte aber durch Abwanderung ihrer mithelfenden Familienangehörigen, und durch Abnahme der Dienstboten, in dem zeitraubendsten Teil ihrer Aufgaben, in der Nahrungsmittelkonsumtion, bedroht sind, ist ein Problem, dem wir uns im folgenden Kapitel zuwenden wollen.

Viertes Kapitel.

Die Frau in der Hauswirtschaft.

Die Erwerbstätigkeit der Frau ist für die Hauswirtschaft sowohl eine positive, wie eine negative Leistung. Positiv ist sie, indem sie das Haushaltungsbudget durch die Einnahmen aus Erwerb auf der Kreditseite erhöht, negativ, indem sie der Hauswirtschaft ihre Arbeitskraft entzieht.

Die vorhergehenden Untersuchungen über die Beschäftigungsart der erwerbstätigen Frau im allgemeinen und der verheirateten Frau im besonderen, sind nicht dazu angetan, über die Höhe der Erwerbseinnahmen besonders hoffnungsvoll zu stimmen. Jedoch, wenngleich die Einnahmen der erwerbstätigen Frauen an sich in den meisten Fällen niedrig sind, so stellen sie in sittlicher Beziehung große Werte dar, weil sie die Haushaltungen, in denen diese Einnahmen, sei es durch hauptberufliche oder nebenberufliche Frauenarbeit, zu verzeichnen sind, vor gänzlicher Verarmung schützen. Das in seiner Wirkung so erniedrigende Almosen wird durch Einnahmen aus Arbeit ersetzt.

Die Haushaltungsrechnungen zeigten ein Bild von der Häufigkeit und von der Verschiedenheit der Einnahmen aus Frauenerwerb. Diesen Erwerbseinnahmen stehen nun aber eventuelle Verluste in der Hauswirtschaft gegenüber. Diese Verluste kann man aber schwerlich nach Geldwert einschätzen, man kann daher auch unmöglich ausrechnen, ob materiell der Gewinn, oder der Verlust für die Hauswirtschaft durch die Erwerbsarbeit der Hausfrau größer ist. Auch sind die sittlichen Momente, die diesen beiden Posten zur Seite gehen, so sehr voneinander abweichend in den verschiedenen Familienhaushalten, daß auch über diese und ihre Wirkung auf Familienleben und Gesellschaft nicht in Bausch und Bogen geurteilt werden darf. Eines jedoch steht fest: die erwerbstätige Hausfrau kann nicht all den vielen Pflichten, die Volkswirtschaft, Hauswirtschaft und Familie ihr auferlegen, gerecht werden. Daher soll untersucht werden, ob die Aufgaben, die die Hauswirtschaft stellt, so wichtig sind, daß sie, wenn sie mit Aufgaben in Volkswirtschaft und Familie kollidieren, diesen vorgezogen werden müssen, oder ob durch Arbeitsvereinfachung und Anwendung moderner Technik in der Hauswirtschaft diesem Dilemma abgeholfen werden kann.

Die Zahl der Familien- und Anstaltshaushalte kennen wir, ebenso sind wir über ihre Größe und Lage informiert. Die Zahl aber der Hauswirtschaftenden selbst läßt sich nicht, wie etwa die Zahl der Erwerbstätigen in der Produktion, feststellen. Viele hauptberuflich erwerbstätige Personen, die bereits in der Produktion gezählt wurden, sind auch in der Hauswirtschaft hauptberuflich beschäftigt, auch die mithelfenden Familienangehörigen finden besonders in landwirtschaftlichen Kreisen teils in der Produktion, teils in der Hauswirtschaft ihre Arbeit.

Während nun die Gesamtzahl der Hauswirtschaftenden nicht festgestellt werden kann, ist sowohl die Zahl der Dienenden, die außerhalb des Hauses, wie die Zahl derer, die in der Wohnung ihrer Herrschaften leben, bekannt. Erstere gehören nach der Berufsstatistik zu den hauptberuflich Erwerbstätigen, letztere dagegen zu den nicht Erwerbstätigen. Aber diese beiden Gruppen zusammen enthalten die hauswirtschaftlichen fremden Hilfskräfte, deren Zahl uns von Seite 66 und 64 her noch bekannt ist.

Dienstbotenfrage.

Der Übersichtlichkeit halber wiederholen wir diese Zahlen.

Gruppe A (häusliche Dienste)[1].

	1907	1895	1882
Männl.	150 791	198 626	213 746
Weibl.	**320 904**	**223 865**	**183 836**
	461 695	432 491	397 582

[1] Zu dieser Gruppe sind nicht nur die nicht bei ihrer Herrschaft wohnenden Dienenden, sondern auch die Personen, die Lohnarbeit wechselnder Art ausüben, gezählt.

Gruppe B (Dienende).

	1907	1895	1882
Männl.	15 372	25 359	42 510
Weibl.	1 249 383	1 313 957	12 82 414
	1 264 755	1 339 316	1 324 924
Summe	1 736 450	1 771 807	1 722 506

Den in 1905 gezählten 12¼ Millionen Familienhaushalten stehen die in 1907 gezählten 1 736 450 hauswirtschaftlichen Arbeitskräfte (davon 1 264 755 Dienende im Hause ihrer Herrschaft wohnend) zur Verfügung. Beanspruchten sämtliche Anstaltshaushalte, und Haushalte der Einzelnlebenden keine dienende hauswirtschaftliche Kraft, so käme ungefähr auf jede siebente Hauswirtschaft eine Hilfskraft, d. h. eine Person, die zwar nicht im Sinne der Berufsstatistik, wohl aber in Wirklichkeit hauptberuflich beschäftigt ist. Neben diesen sind es die mithelfenden Familienangehörigen, die der leitenden Hausfrau in ihrer Tätigkeit in der Hauswirtschaft zur Seite stehen.

Zuerst wollen wir den Kreis der erwerbstätigen, dann den der freiwilligen hauswirtschaftlichen Arbeitskräfte etwas genauer untersuchen. In Gruppe A sind die Erwerbstätigen für häusliche Dienste, welche nicht im Hause ihrer Herrschaft wohnen, in Gruppe B die Dienenden, oder Dienstboten im engeren Sinne gezählt.

Die Entwicklung der Zahlen in der ganzen Gruppe A ist eine andere, als in Gruppe B. Die Summe dieser beiden Zahlen bleibt ungefähr seit 1882 dieselbe, d. h. die absolute Zahl der Kräfte, welche der Hauswirtschaft zur Verfügung steht, hat sich trotz des Bevölkerungszuwachses kaum verändert. Es ist die Form des Dienstverhältnisses, die sich fortwährend ändert: während die Gesamtzahl der Erwerbstätigen für häusliche Dienste von 1882—1907 um 15,8 % zugenommen hat, ist die Zahl der Dienenden um 4,7 % gefallen.

Wenn man die Beteiligung der beiden Geschlechter betrachtet, ist die Entwicklung anders. In Gruppe A haben die männlichen Erwerbstätigen von 1882—1907 um 62 955 Personen oder 30 % abgenommen, die Zunahme der Gruppe A beruht also lediglich auf erhöhter Anteilnahme der weiblichen Erwerbstätigen. Diese haben von 1882—1895 um 40 029 Personen oder 18,4 % und von 1895 bis 1907 um 97 039 Personen oder 30,3 %, im ganzen um 42,8 % zugenommen. Noch stärker als in Gruppe A ist die Abnahme der

Beteiligung des männlichen Geschlechts in der Gruppe B, wo die Gesamtzahl seit 1882 um 27 138 Personen gefallen ist. Die prozentuelle Abnahme in der Periode 1882—1895 betrug 40,4 %, in der Periode von 1895—1907: 39,4 %. Dagegen ist die Grundzahl der weiblichen Dienstboten fast dieselbe geblieben; im Jahre 1895 stieg sie etwas an, im Verhältnis zu der Bevölkerungszahl ist jedoch auf je 100 Einwohner eine relative Abnahme von 2,8 % weiblicher Dienstboten in 1882, auf 2,5 % in 1895, und auf 2,2 % in 1907 zu konstatieren.

Die Zahl der männlichen Dienenden, die im Hause ihrer Herrschaft leben, betrug 1882; 3,2 %, 1895: 1,8 %, und 1907: 1,2 % aller Dienenden der Gruppe B. Dieser Prozentsatz ist ein so geringer, daß hier von einem durchaus *weiblichen* Beschäftigungszweig gesprochen werden kann. Deshalb werden die weiblichen und männlichen Bediensteten dieser Gruppe nicht getrennt behandelt werden, sondern die in Prozenten ausgedrückte Zahl ist stets von der Gesamtheit der Dienenden berechnet.

Folgende Tabelle zeigt, wie die Verteilung der Dienenden (*nur* Gruppe B) in den verschiedenen Berufen verschieden ist. (Tabelle I.)

Der höchste Prozentsatz der Dienenden findet sich in den *freien* Berufen, also in der Berufsabteilung, zu der u. a. die höchsten Würdenträger im Staat gezählt werden, der zweithöchste Prozentsatz im Handel und Verkehr, der Berufsabteilung, die einen Teil der großen Vermögen in sich schließt; am niedrigsten ist der Prozentsatz bei den Dienenden selbst, und dann in der Landwirtschaft. In letzterer Berufsabteilung ist, so weit dies möglich ist, eine Grenze gezogen zwischen landwirtschaftlichen Knechten und Mägden und Hausgesinde. Die kleine Zahl der Dienenden kommt wohl daher, daß in der deutschen Landwirtschaft nur in den seltensten Fällen der Grundbesitz mit herrschaftlicher Haushaltung verbunden ist, und das Überwiegen des Bauerntums hier für die Haltung, oder besser gesagt Nicht-Haltung, von Domestiken ausschlaggebend ist.

Sehen wir die Tabelle genauer an, so fällt die hohe Beteiligung an Dienstbotenhaltung in der Berufsgruppe Forstwirtschaft auf. Diese Erscheinung findet ihre Erklärung in dem hohen Prozentsatz, den die höheren Forstbeamten innerhalb dieser Berufsgruppe ausmachen.

Die Berufsgruppen der Abteilung B zeigen unter sich große Unterschiede, aus denen man aber nicht auf eventuelle Wohlhabenheit der ganzen Gruppe schließen darf, denn wie wir gleich sehen werden,

Tabelle I.

Die Dienenden, verteilt auf die Berufsabteilungen und Berufsgruppen.

Berufsabteilung	Zahl der Erwerbstätigen	Zahl der Dienenden überhaupt	davon weiblich	Auf 100 Erwerbstätige entfallen
A. Landwirtschaft usw. . .	9 883 257	163 829	**159 338**	1,6
B. Industrie usw.	11 256 254	331 756	**330 240**	2,0
C. Handel und Verkehr. .	3 477 626	342 955	**341 427**	9,2
D. Häusliche Dienste . . .	471 695	1 226	**1 226**	0,2
E. Freie Berufe	1 738 530	223 388	**219 492**	12,8
F. Ohne Berufe	3 404 983	201 601	**197 660**	5,9
A—F . . .	30 232 345	1 264 755	**1 249 383**	
Die Berufsgruppen.				
A.				
I a. Landwirtschaft usw.	9 581 802	147 487	**143 286**	1,5
I b. Gärtnerei usw. . .	150 670	5 952	**5 938**	3,9
II a. Forstwirtschaft . .	125 980	9 758	**9 484**	7,7
II b. Fischerei	24 805	632	**630**	2,6
B.				
III. Bergbau usw.. . .	963 278	11 323	**11 207**	1,1
IV. Industrie der Erden	714 520	12 539	**12 416**	1,9
V. Metallverarbeitung	1 186 099	22 598	**22 513**	1,8
VI. Industrie d. Masch.	907 048	26 613	**26 470**	2,9
VII. Chem. Industrie .	158 776	15 810	**15 684**	9,9
VIII. Industrie der Fette	75 879	4 356	**4 333**	5,7
IX. Textilindustrie . .	1 057 243	18 984	**18 826**	1,7
X. Papierindustrie . .	206 763	6 288	**6 248**	3,0
XI. Lederindustrie . .	219 443	7 878	**7 844**	3,5
XII. Industrie d. Holzst.	787 754	15 605	**15 550**	1,9
XIII. Ind. der Nahrungsmittel	1 127 516	103 720	**103 367**	9,1
XIV. Bekleidungsgewerbe	1 421 695	25 639	**25 639**	1,8
XV. Reinigungsgewerbe	270 374	5 563	**5 558**	2,0
XVI. Baugewerbe . . .	1 905 987	42 645	**42 510**	2,2
XVII. Polygraph.Gewerbe	197 903	7 783	**7 761**	3,8
XVIII. Künstl. Gewerbe. .	37 111	3 137	**3 099**	8,4
XIX. Fabrikanten usw. .	18 865	1 275	**1 241**	6,7
C.				
XX. Handelsgewerbe. .	1 739 910	224 716	**223 658**	12,8
XXI. Versicherungsgew. .	60 531	7 204	**7 169**	11,7
XXII a, b. Verkehrsgewerbe	526 288	29 559	**29 485**	5,6
XXIII. Gast- u. Schankgew.	650 897	81 476	**81 115**	12,5

müssen wir innerhalb der Berufe noch auf andere Merkmale achten. Begreiflich erscheint die hohe Zahl der Dienstboten im Gast- und Schankwirtschaftsgewerbe, denn die gewerblichen Angestellten, die Kellner und Kellnerinnen sind nur für den Verkehr mit dem Publikum und gewisse Handreichungen da, die große Haushaltung solcher Betriebe kann aber nur mit Zuhülfenahme fremder Hilfskräfte, d. h. der Dienstboten, besorgt werden.

In gewissem Maße zeigt die Tabelle auf S. 89, daß die Dienstbotenhaltung als ein „Standesrequisit", als ein Privileg bevorzugter Kreise, anzusehen ist. Dieser Eindruck wird verschärft durch folgende Übersicht, die in den drei großen Berufsabteilungen die Dienenden so verteilt, daß ihre Gesamtzahl zerlegt wird auf die Gliederung der Erwerbstätigen nach Maßgabe ihrer Zugehörigkeit zu den drei sozialen Gruppen. Wobei allerdings nicht übersehen werden darf, daß das Zahlenergebnis für Angestellte und Arbeitskräfte durch das meist jüngere Lebensalter dieser Personen, und eventuelle Ehelosigkeit mit beeinflußt sein dürfte.

Berufsabteilung	Auf 1000 Selbstständige der Erwerbstätigen entfallen — Dienende	Auf 1000 Angestellte der Erwerbstätigen entfallen — Dienende	Auf 1000 Arbeitskräfte der Erwerbstätigen entfallen — Dienende
Landwirtschaft	60	88	0,6
Gewerbe	154	6	2
Handel und Verkehr. . .	294	68	3

Eine Dienstbotennot wäre also eine Frage, an deren Lösung nur gewisse Gesellschaftskreise interessiert sein könnten. Oder man müßte der Ansicht sein, daß die hauswirtschaftliche Erziehung, die den Dienstboten in dem Familienhaushalte zugute kommt, bei eventueller Verheiratung der Dienenden auch deren späteren Wirtschaft nützlich sein muß. Diese Ansicht[1] wird des öfteren vertreten, jedoch die einzelnen Beispiele, die für diese Behauptung angeführt werden, berechtigen nicht zu diesem Schlusse, denn vielfach ist auch die Beobachtung gemacht worden, daß das Gegenteil eintritt, und die Anpassungsfähigkeit der früheren Dienstboten in kleinere Verhältnisse viel zu wünschen übrig läßt. Hier wird neben der erzieherischen

[1] U. a. H. W. d. St. W. Artikel Gesinde. Bd. IV, S. 738.

Einwirkung der Herrschaft auch die angeborene Beanlagung für hauswirtschaftliche Dinge die Hauptrolle spielen.

Die vorstehende Übersicht weist für die Angestellten der Landwirtschaft einen höheren Anteil an der Dienstbotenhaltung auf, als für die selbständigen Landwirte. Erstere sind hauptsächlich in den größeren Betrieben beschäftigt, und erheben sich sowohl durch Einkommen, wie des öfteren auch im Stande von den vielen kleinen und mittleren Bauern, die als Selbständige gezählt wurden. Da Dienstbotenhaltung zum Teil als Kriterium für die „soziale Stellung in der Gesellschaft" gelten kann, so ergibt sich aus vorstehendem Beispiel, daß soziale Gliederung in der Statistik und soziale Stellung in der Gesellschaft ganz verschiedene Dinge sind.

Gewerbe und Handel weisen die höchsten Zahlen an Dienstboten auf, ganz besonders die Selbständigen dieser Gruppen. Um die Zahlen der Selbständigen in den Berufsabteilungen B und C besser vergleichen zu können, und bei der Verteilung der Dienstboten in Gewerbe und Handel möglichst gleich zu verfahren, sind die 250 503 Hausgewerbetreibenden im Gewerbe überhaupt nicht berücksichtigt worden. Diese haben zusammen nur 1627 Dienstboten, d. h. bei ihnen kommen auf 1000 selbständige Erwerbstätige nur 6 Dienstboten, während sonst 154 Dienstboten auf 1000 selbständige Erwerbstätige im Gewerbe entfallen.

Wenn wir zuletzt die Verteilung der Dienstboten nach Berufsarten kurz überblicken, so sehen wir, daß in allen Berufsarten Dienstboten gehalten werden, aber nicht bei den Selbständigen dieser Berufsarten gleich viel; so wird z. B. die Zahl der selbständigen Erwerbstätigen von der Zahl der Dienstboten übertroffen bei den Hüttenbesitzern, Maschinenfabrikanten, Rübenzuckerfabrikanten, Apothekern und Bankiers. Fast gleich groß ist die Zahl von Dienstboten und selbständigen Erwerbstätigen in den Berufsarten der Salzgewinnung, der Schreibfedernfabrikation, der Fabrikation chemischer, pharmazeutischer und photographischer Apparate, der Verfertigung von Gummi- und Guttaperchawaren, von Papier und Pappe und der Mälzerei. Um ein Drittel ungefähr kleiner, als die Zahl der Selbständigen, ist die Dienstbotenzahl in den Kreisen der Offiziere und hohen staatlichen wie kirchlichen Beamten und in Ärztekreisen.

Die wenigsten Dienstboten kommen vor bei den Nähern und Näherinnen (auf 100 Selbständige 0,2 %), in den Wasch- und Plättanstalten (auf 100 Selbständige 1 %), im Hausierhandel (auf 100 Selbständige 1 %) und bei der Binnenschiffahrt (auf 100 Selbständigen 2 %). An Hand dieser wenigen, aber markanten Zahlen können wir wohl sagen, daß die Dienstbotenzahl hauptsächlich in den Industrie- und Börsenkreisen sowie bei den Apothekern die Folge ihrer finanziell günstigen Lage, bei den höheren Beamten Folge ihrer gesellschaftlichen Stellung ist. In den Berufsarten mit hohem Anteil weiblicher selbstständiger Erwerbstätiger ist der Standard of life ein solcher, daß trotz der schön klingenden Bezeichnung „selbständig im Beruf" die ganzen Haushaltungslasten neben denen der Erwerbstätigkeit den weiblichen Erwerbstätigen anheimfallen. Die Dienstbotenhaltung ist hauptsächlich abhängig von Einkommen und von der gesellschaftlichen Stellung der Dienstherrschaft. Die Größe des Haushaltes übt nicht den wichtigsten Einfluß auf die Dienstbotenhaltung aus, denn wie oben Seite 29 erwähnt, bleibt bei steigender Kopfstärke eines Familienhaushaltes die Dienstbotenzahl ungefähr gleich groß. Bei großer Kopfstärke der Familie ist das physiologisch Notwendige an Nahrungskonsumtion für die weitere Konsumtion der Familie so ausschlaggebend, daß wie in jeder Beziehung (siehe hierzu auch Seite 50) so auch an Hilfskräften, obwohl diese gewiß hier am meisten notwendig wären, gespart werden muß.

Die männlichen Dienenden, wie auch die weiblichen Dienstboten, zeigen eine zunehmende Abneigung im Hause fremder Leute den Lebensunterhalt zu verdienenen. Nicht wie in anderen Berufen, besetzen die Frauen hier die von den Männern leer gewordenen Stellen. Die Abhängigkeit der Dienstbotenexistenz einerseits, der Geldlohn in Verbindung mit dem Naturallohn andererseits, bewirken, daß die größere Freiheit in Gewerbe und Handel, und der nach fälschlicher Auffassung der Dienstboten dort winkende höhere Geldlohn, vorgezogen werden. Das Ändern der Bezeichnung „Dienende" oder „Gesinde" in das Wort „Hausangestellte", sowie die ständig reichlichere Bemessung der Weihnachtsbescheerung, haben sich als ungenügende Mittel erwiesen, um dem Dienstbotenmangel Einhalt zu tun!

Die weiblichen Dienenden für häusliche Dienste, die nicht bei ihrer Herrschaft wohnen und des öfteren eine eigene Häuslichkeit zu versorgen haben, ziehen die unregelmäßige Beschäftigung als Aufwartefrau, Waschfrau usw. vor, weil sie sich dadurch weniger, als durch regelmäßige Fabrikstunden, in der Tätigkeit im eigenen Haushalte belästigt fühlen und weil diese ungelernte Arbeit überhaupt ihrem Hausfrauenberuf am nächsten steht.

Je mehr die Zahl der Dienstboten nachläßt, um so mehr werden auswärts wohnende Aushilfekräfte, die in Stundenlohn genommen werden und von denen intensivere Arbeit verlangt wird, für hauswirtschaftliche Arbeit herangezogen werden müssen. Je mehr aber dieser Fall eintritt, um so mehr wird auch für die unqualifizierte Dienstbotenarbeit qualifizierte Aushilfearbeit verlangt werden. Die nicht spezialisierte Dienstbotenarbeit wird sich differenzieren, und der Genußkonsumtion werden auch „Fachleute" zur Bereitschaft stehen müssen. Schon ist man bei vielen hauswirtschaftlichen Arbeiten an diese Art der Spezialisierung gewöhnt: der Ofensetzer sorgt für die Öfen, der Tapezierer für Möbel und Tapeten, der Zimmerer, Maurer, Schreiner, Fensterputzer usw. für die Arbeit ihrer Spezialgebiete, der Koch oder die Kochfrau kommt für das Gesellschaftsessen, die Flickerin und Schneiderin setzen Wäsche und Kleider in Ordnung.

Die Entwicklung des Bildungswesens in der Richtung, daß auch für die Frau eine Fachschulung durchgesetzt wird, ist imstande, diese Tendenz der neuen Organisation hauswirtschaftlicher Arbeit zu unterstützen. Leiterin der Genußkonsumtion zu sein, wird eine Fachbildung verlangen, wie sie bei der Leitung von jeder anderen wichtigen Wirtschaftsfunktion notwendig ist. Bis wir aber diese neue Form der Hauswirtschaft erreicht haben, und so lange wir noch in einer Zeit mit abnehmender Dienstbotenzahl leben, fällt die Aufgabe, das Gleichgewicht in der hauswirtschaftlichen Versorgung zu bewahren, neben der Hausfrau den Familienangehörigen zu.

Für die Hauswirtschaft ist die genaue Zahl der mithelfenden Familienangehörigen nicht abschätzbar. Dieselbe Bedeutung, welche die Bewegung der landwirtschaftlichen Bevölkerung für die Landwirtschaft aufweist, hat die Bewegung der Familienangehörigen für die Hauswirtschaft. (Siehe Seite 31 die Darstellung für die Großstädte und für das Reich.) Im Verlauf von fünf Jahren, der Zeit, die zwischen zwei Volkszählungen liegt, haben die Familienangehörigen, die im Kreise ihrer Familie leben sowohl im Reiche, als auch in den Größstädten um 1,5 %, d. i. für das Reich in der Periode 1900—1905 um 759 824 Personen abgenommen.

Die Abwanderung von der Familienhaushaltung geschieht also von zwei Seiten: die bezahlten Hilfskräfte nehmen ab, und die Familienangehörigen, die im erwerbsfähigen Alter stehen, also auch in dem besten Alter sind, in dem sie sich in der Hauswirtschaft nützlich machen können, legen gleichfalls ihren Wohnsitz nach außerhalb. Dieses „Außerhalb" ist, wie die Tabelle (Seite 31) zeigte, eine Verlegung des Wohnsitzes in eine andere Familie, in der aber dem Kostgänger oder der Schlafgängerin keinerlei hauswirtschaftliche Obliegenheit zufällt. Die Frage, ob eine Abneigung gegen hauswirtschaftliche Arbeit vorliegt, muß verneinend beantwortet werden, denn beim Eingehen der Ehe wird die Gründung eines eigenen Haushaltes stets mit in dem Kauf genommen. Die Ehe bringt im eigenen Betrieb der Hauswirtschaft eine größere Selbständigkeit für die Frau. An Stelle der meist unselbständigen Arbeit als Haustochter in der Wirtschaft der Eltern, oder als Dienstbote tritt die Möglichkeit, die eigenen Angelegenheiten in der eigenen Wirtschaft selbst zu regeln, und eben diese Unabhängigkeit macht die hauswirtschaftliche Tätigkeit, der man einst entlaufen ist, wert und lieb. Die reine, ungeteilte Freude am Hausfrausein dauert aber meist nicht sehr lange, entweder eine Dienstbotenmisère stellt sich ein, besonders wenn sich durch Zuwachs die Familie vergrößert, und die Familie mehr Hülfe in Anspruch nehmen möchte, oder ein Zuwachs bedingt bei weniger gut situierten Familien den Neben- oder Vollerwerb der Hausfrau und Mutter.

Die Hauswirtschaft mit dem unendlich Vielen, was drum und dran hängt, stellt große Anforderungen, das Ziel des Wirtschaftens wird durch diese vielen Anforderungen und das häufige Fehlen von Arbeitskräften verschoben: das Technische in der Hauswirtschaft wird zum Wesentlichen. Das Herbeischaffen und Zubereiten, das Fertigstellen und Aufräumen der Mahlzeiten nimmt in der Hauswirtschaft dieselbe dominierende Stelle ein, wie die Ausgaben für Nahrungskonsumtion auf den meisten Haushaltungsrechnungen. Neben diesen zeitraubenden Beschäftigungen verlieren alle anderen Aufgaben an Bedeutung, zwar ißt die Hausfrau nur um zu leben, aber ihr Leben ist einzig nur dem „Essen" der Andern gewidmet.

Versteht aber die Frau auch diese Hauptaufgabe, die sich zum Zweck des Daseins vieler Millionen Hausfrauen ausgewachsen hat? Genügt ihre Bildung für die Hauswirtschaft und insbesondere für die Nahrungszubereitung, oder wird auf diesem Gebiet herumgestümpert, herumexperimentiert, im frommen Glauben, daß der „angeborene Beruf der Hausfrau, Mutter und Gattin" in seiner urwüchsigen Kraft durch systematische Bildung verloren gehen könnte?

Wir wollen von einer Heranbildung zur Kindererziehung oder von einer Belehrung ethischer Natur über Gattenpflichten absehen, und uns an das Beobachtungsobjekt, die Hauswirtschaft, besonders die Nahrungskonsumtion halten.

2. Hauswirtschaftlicher Unterricht.

Die Fachbildung für hauswirtschaftliche Tätigkeit ist noch eine andere, als die allgemeine Bildung für diese Zwecke. Aber auch letztere setzt stets eine gewisse Vorbildung voraus, auf der weiter gebaut werden kann. Die Bildung, die allen Kindern zugute kommt, ist die Volksschulbildung. Es ist daher begreiflich, daß denjenigen, die eine hauswirtschaftliche Bildung als eine Notwendigkeit für das weibliche Geschlecht voraussetzen, die Volksschule als wichtigste Bildungsstätte für ihre Reformpläne ansehen.

Über das hauswirtschaftliche Bildungswesen in Deutschland enthält eine kleine Schrift von Liese[1] die nötigen Auskünfte. Da die Volksschule als allgemeine, obligatorische Unterrichtsmöglichkeit der großen Masse unserer weiblichen Jugend zur Verfügung steht, so ist hier die breiteste Basis zu einem hauswirtschaftlichen Unterricht gegeben. Die Einwände, daß das Mädchen in der Volksschule die nötige „Reife" zu solchem Unterricht noch nicht hat, werden durch die Tatsache widerlegt, daß ein allgemeiner Fortbildungszwang für Mädchen überhaupt noch nicht überall im Deutschen Reiche durchgeführt ist, und somit die Volksschule die einzige Möglichkeit für obligatorische Einführung dieser Unterrichtsfächer böte. Ebensoviele Einwände, wie es gegeben hat, bevor Handarbeitsunterricht als obligatorisches Lehrfach in der Volksschule durchgeführt wurde, gibt es heute gegen die Einführung des hauswirtschaftlichen und Kochunterrichtes; dieselben Verteidigungsgründe ließen sich auch jetzt, wie damals geltend machen.

Will man nicht nur theoretische hauswirtschaftliche Unterrichtskurse, sondern Anschauungsunterricht im besten Sinne des Wortes geben, so ist die Schulküche an die theoretische Belehrung anzuknüpfen. Obwohl die Wichtigkeit der Hauswirtschaft in unserer heutigen Gesellschaft allgemein anerkannt wird, so wird doch in der Volksschule nur selten die wissenschaftliche und praktische Basis zu diesen Kenntnissen gelegt. Haushaltungs- und hauswirtschaftlicher Unterricht wird in den Volksschulen nur selten gegeben, aus nachstehender Übersicht geht hervor, in welchem Umfange gegenwärtig ein derartiger Unterricht stattfindet[2]:

Die Schulküche, die für die praktischen Kochübungen eingerichtet ist, wird des Abends des öfteren für den Fortbildungsunterricht zur Verfügung gestellt. Die Tabelle zeigt, daß mit Ausnahme von Hamburg das Lehrfach der angewandten Küchenchemie höchst selten

[1] W. Liese, Das hauswirtschaftliche Bildungswesen in Deutschland, 1910.

[2] Zusammengestellt aus Lieses vorhererwähnter Schrift und nach dem in der Ausstellung die Frau in Haus und Beruf in Berlin 1912 gegebenen Veröffentlichungen.

	Schulen	Städten	Auf dem Lande	Zahl der Volksschulkinder
Preußen	657	113	114	—
Bayern	—	3	—	—
Württemberg	—	—	—	—
Elsaß-Lothringen	—	2	—	—
Anhalt	—	6	—	—
Schwarzburg-Sonderhausen . . .	8	—	—	—
Hamburg	—	—	—	80 %

auf den Stundenplan unserer Volksschulen vertreten ist. Von den 524 Städten Deutschlands mit mehr als 10000 Einwohner haben nur 154, d. i. 30 % Schulküchen, davon haben drei Fünftel den Besuch obligatorisch gemacht.

Um die Landschulen steht es noch schlimmer: in 23 Bezirken in Preußen war überhaupt von solchem Unterricht nicht die Rede. Baden hat in Karlsruhe die Volksschulküche eingeführt, in Bayern, wo die Schulpflicht nur sieben Jahre währt, haben die Städte München, Augsburg und Nürnberg für das fakultative achte Schuljahr Haushaltungs- und Kochunterricht eingeführt.

Die Durchführung der Volksschulküche würde gewiß schneller von statten gehen, wenn im Interesse der Schuljugend und des Unterrichts die allgemeine Schulspeisung durchgeführt würde, und die Speisen von den Schülerinnen für den eigenen Schulbedarf in der eigenen Schulküche zubereitet würden.

Das Resulat des Haushaltungs- und Kochunterrichts ist, was die Volksschule anbetrifft, minimal. Besser steht es auch nicht um das Ergebnis beim Fortbildungsunterrichtswesen. Denn dieses ist in ganz Deutschland für die weibliche Jugend nicht verpflichtend. So weit durch den § 120 der R.G.O. eine allgemeine Anweisung über Fortbildungsunterricht für die weibliche Jugend gegeben ist, gilt diese nur für die kaufmännisch beschäftigte Jugend und dieser Paragraph enthält zwar die Möglichkeit, nicht aber das Gebot, zur Ausdehnung der Fortbildungsschule für die in Betracht kommenden Mädchen.

Baden, Württemberg und Bayern haben den Fortbildungsunterricht für die weibliche Jugend eingeführt. Baden steht auch für unsere Spezialfächer an der Spitze: von 24000 Fortbildungsschülerinnen im Jahre 1908 genossen in 350 Gemeinden 7000 Mädchen Haushaltungsunterricht.

In Bayern sind es nur die drei vorhergenannten Städte und die Städte Neustadt a. d. Hardt, Regensburg, Kempten Allgäu, die ihre Volksschulküchen Abends für den Fortbildungsunterricht zur Verfügung stellen.

In Württemberg ist durch Ministerialerlaß von 1908 eine Förderung des Haushaltungsunterrichts gegeben, und zwar für die in „kaufmännischen und gerwerblichen Betrieben tätigen Mädchen", und für die anderen Fortbildungsschülerinnen soll die „Einführung des hauswirtschaftlichen Unterrichts möglichst gefördert werden". Faktisch wird der hauswirtschaftliche Unterricht nur in den Städten durchgeführt werden, und nur für solche Schülerinnen, die nicht durch die „Sonntagsfortbildungsschule" ihre Weiterbildung genießen. Das württembergische Landmädchen hat von dem genannten Ministerialerlaß keinen Vorteil. Heilbronn und Heidenheim haben bereits mit der Einführung dieses Unterrichtes angefangen.

Eine vorbildliche Stellung in dieser Beziehung nimmt Meiningen ein, hier ist seit dem Jahre 1908 für die Mädchen die obligatorische Fortbildung mit zweijähriger Dauer eingeführt, doch kann leider das zweite Schuljahr durch einen sechswöchentlichen Haushaltungskursus ersetzt werden. Für das Land wird diese Bestimmung in der Weise zur Ausführung gebracht, daß acht geprüfte Haushaltungslehrerinnen Fortbildungswanderkurse abhalten.

In Gera ist die Fortbildungsschule obligatorisch für die weibliche Jugend, und der hauswirtschaftliche Unterricht ist ein verpflichtendes Fach auf den Stundenplan.

Im größten deutschen Bundesstaat sieht es aber bedeutend schlechter mit dem Stand der Fortbildungsschule für die weibliche Jugend im allgemeinen, folglich auch für die in Frage kommenden Unterrichtsfächer aus. Obwohl es in Preußen allein schon 700 000 weibliche Erwerbstätige im fortbildungspflichtigen Alter Stehende gibt, genießen nur ungefähr 25 000 dieser Mädchen Fortbildungsunterricht, und zwar ist dies hauptsächlich die kaufmännisch angestellte Jugend. In Berlin, wo diesen Mädchen außer kaufmännischer Fachbildung auch Handarbeitsunterricht erteilt wird, findet in neun städtischen Schulen und in der Viktoria Fortbildungsschule im Abendunterricht auch ein Kochkursus statt.

Dies ist das ganze Ergebnis für Volks- und Fortbildungsschulen, d. h. das ganze Ergebnis öffentlicher Tätigkeit auf dem wichtigen Gebiete des Volksunterrichts!

Preußen hat für die höheren Mädchenschulen die sogenannte und viel umstrittene „Frauenschule" eingeführt, in der für die beiden letzten Schuljahre u. a. auch theoretische und praktische hauswirtschaftliche Unterrichtsstunden obligatorisch vorgesehen sind. Die Unterrichtsmöglichkeiten sind aber für die hauswirtschaftlichen Fächer mit den eben aufgezählten öffentlichen Bildungsinstituten nicht ganz erschöpft. Die vielen Lücken, die das öffentliche Bildungswesen hier läßt, werden von der privaten Fürsorge möglichst ausgefüllt.

Die Haupttätigkeit üben hier die konfessionellen Verbände und die Frauenvereine aus.

Haushaltungsschulen für den Mittel- und Bauernstand gibt es ungefähr in 150 katholischen Anstalten. Die innere Mission unterhält 163 Haushaltungsschulen, in denen Kurse von kürzerer und längerer Dauer abgehalten werden.

Die Frauenvereine unterhalten in:

Baden	8	Haushaltungsschulen	
Württemberg . .	1	"	
Bayern	4	"	
Sachsen	10	"	(darunter eine speziell für Arbeiterinnen)
Preußen	28	"	
Hessen	3	"	
Sachsen-Weimar .	3	"	(mit Kursen an 20 Orten)
Sachsen-Meiningen .	2	"	
Elsaß-Lothringen .	3	"	

Weiter haben in zehn deutschen Städten gemeinnützige Vereine Haushaltungsschulen eingerichtet.

Die vielen, besonders in Süddeutschland vorkommenden Frauenarbeitsschulen, wie die norddeutschen Gewerbe- oder Industrieschulen, haben nur ganz vereinzelt (Posen, Rheydt, Potsdam) praktische Kurse für Haushaltung und Kochunterricht durchgeführt.

Einzelne Fabrikanten rechnen zu ihren Wohlfahrtseinrichtungen Flick- oder Kochschulen, auch widmen einige Bauernvereine und Landwirtschaftskammern diesem Fache ihre Aufmerksamkeit, indem sie ländliche Haushaltungsschulen mit ihren Mitteln unterstützen. Mit Rücksicht auf die Anforderungen des bäuerlichen Haushaltes enthalten die Lehrpläne Unterricht in Gartenbau, Viehzucht, Viehpflege, in Milchwirtschaft usw. Solche Schulen, und die von ihnen veranstalteten Kurse, kommen in Württemberg dreimal, in Baden sechsmal, in Hessen dreimal, in Bayern zehnmal, in Braunschweig einmal, in Sachsen-Altenburg einmal, im Königreich Sachsen dreimal und in Preußen 25—30 mal vor.

Äußerlich den ländlichen Haushaltungsschulen ähnlich sind die wirtschaftlichen Frauenschulen, deren Zöglinge besonders aus den höheren Gesellschaftskreisen entstammen [1]. Wichtig für die ländliche Wohlfahrtspflege sind die Schulen, die Landpflegerinnen ausbilden, und deren Errichtung besonders von der Ansiedlungskommission im Osten in die Hand genommen worden ist.

Außer diesen öffentlichen und privaten Bildungsmöglichkeiten auf hauswirtschaftlichem Gebiete kommen noch in Betracht die Wanderkochkurse, sowie die vielen Pensionate für „höhere Töchter", in denen des öfteren mit ebensoviel Eleganz wie Oberflächlichkeit über kunstgeschichtliche, literarische, volkswirtschaftliche, wie hauswirtschaftliche Bildung hingehuscht wird. Alle die vorhergenannten Schulen und Kurse repräsentieren mehr oder weniger m e t h o d i s c h e Vorbildung. Diese fehlt aber gänzlich für die Mädchen, die „zu Hause" kochen lernen, oder den Brauch befolgen, in einem kleinen Hotel oder Wirtshause „kochen lernen" zu wollen.

Die bloße Aufzählung der Volksschulküchen, Fortbildungs- und anderer hauswirtschaftlicher Schulen genügt uns nicht. Ihre Zahl und Ausdehnung reicht nicht aus, denn selbst in Baden ist nur ein

[1] Nach einer Tabelle in der Ausstellung „Die Frau in Haus und Beruf", Berlin 1912, haben die neun zur Zeit bestehenden wirtschaftlichen Frauenschulen eine Frequenz von:

Ort	Zahl der Schülerinnen 1908	1911
Reifenstein (Provinz Sachsen)	39	58
Obernkirchen (Provinz Hessen)	40	38
Die Maidburg (Posen)	19	33
Scherpingen (Westpreußen)	18	47
Bad Weilbach (Regierungsbezirk Wiesbaden)	—	26
Miesbach (Oberbayern)	24	46
Arvedshof (Leipzig)	38	49
Schloß Lobichau (Sachsen)	31	39
Groß-Sachsenheim	11	25
	220	361

Die Gesamtzahl der Schülerinnen, die in diesen Schulen seit 1897 herangebildet sind, beträgt 1956 Personen, von denen 106 in praktische ländliche Berufe gingen, 138 dem Lehrberuf sich widmeten, 10 als Landpflegerinnen, 10 als Betriebslehrerinnen (Pensionate, Erziehungsheime usw.) ihr Können verwendeten und ungefähr 400 in der Ehe ihre Kenntnisse verwerten.

Teil der Fortbildungsschülerinnen zum Haushaltungsunterricht herangezogen. Es ist daher, abgesehen von einer allgemeinen Kritik an dem Haushaltungs- und Kochunterricht, die später geübt werden wird, notwendig, etwas genauer nachzuforschen, *welche* Mädchen von dem jetzt gewährten Unterricht einen Vorteil haben.

Abgesehen von den Volksschulen, in denen alle Mädchen dasselbe Anrecht auf den eventuell zu erteilenden Haushaltungsunterricht haben, zeigt die Fortbildungsschule eigentümliche Ansätze. Da die kaufmännisch angestellte, und gewerblich beschäftigte Jugend in den vordersten Reihen der weiblichen Fortbildungsschülerinnen steht, so sind es auch diese Mädchen, die in erster Linie Koch- und Haushaltungsunterricht genießen sollen. Hierunter leidet aber ihr Fachunterricht. Ebenso bedauerlich ist die Ansicht, die u. a. in Süddeutschland zur Geltung kommt, daß die Fortbildungsschülerin, die als Erwerbstätige bereits durch ihre Anstellung im Atelier, Plättanstalt, Haushaltung usw. eine gewisse unmethodische Anleitung bekommen hat, gerade von diesem ihrem Spezialfache in der Fortbildungsschule zu dispensieren sei. Lehrmädchen und junge Dienstboten werden jedoch in der Privatwirtschaft nicht selten zu allem mehr gebraucht, als zum wirklichen Erlernen eines Berufszweiges. In den Fällen, wo der Arbeitgeber sich wirklich intensiv mit der Bildung eines jungen Geschöpfes abgibt, ist die methodische Ergänzung in der Schule aber auch nicht überflüssig.

Der Kreis der Schülerinnen, über den sich der Unterricht in hauswirtschaftlichen Dingen überhaupt erstreckt, ist zu klein. Erstens, weil er sich bei obligatorischem Unterricht aus geschichtlichen und organisatorischen Rücksichten selten über die ländliche Bevölkerung erstreckt, und zweitens, weil bei jedem Unterricht gegen Entgelt nur ein gewisser Prozentsatz der Bevölkerung in Betracht kommt. Die Pensionspreise z. B. der katholischen Haushaltungsschulen schwanken zwischen 160 und 1200 Mark pro Jahr, die Kurse kosten meist 20—35 Mark Schulgeld für den sechswöchigen Unterricht, viele andere Schulen aber stehen nur Töchtern von Vereinsmitgliedern offen. Kurz und gut nur die besser gestellten Kreise, in denen der Nahrungsaufwand prozentual zum Budget eine abnehmende Tendenz hat, beteiligen sich an einer Ausbildung auf hauswirtschaftlichem Gebiet. Ebensowenig, wie der Kreis der Beteiligten genügend groß ist, ist die *Zeit der Ausbildung* genügend. Ein Kursus von sechs Wochen, oder einige Stunden pro Monat im Schulplan, genügen nicht, um die wirklich notwendigen Kenntnisse für Hauswirtschaft oder den Kochbetrieb jungen, und wenn auch noch so fleißigen Schülerinnen zu übermitteln. Die vielen Mühen und Kosten für diese Zwecke sind nur dann lohnend, wenn ein Resultat erzielt wird, das diesem Aufwand mindestens gleichkommt. Die jetzt angestellten Versuche sind solche, durch die das Mädchen um eine Teilbildung reicher wird, man könnte fast besser sagen: sie wird durch diese Teilbildung eingebildet und das gerade auf einem Gebiet, wo sie durch tüchtige Leistung und gründliche Kenntnisse andauernd Nutzen zu stiften in der Lage wäre.

Wir können ruhig Schäffles bereits in 1867 ausgesprochene Auffassung hier wiederholen und unterschreiben. Er sagt[1] bezüglich des Zusammenhanges zwischen Konsumtion und Frauenbildung: „Es will uns erscheinen, daß auch von den öffentlichen Anstalten der Erziehung und der Volksbildung, von der Belehrung der in die Familien eindringenden Presse — auf dem Felde der Konsumtion noch große Fortschritte der Wirtschaftlichkeit anzubahnen sind. Die bedeutenden Errungenschaften der Chemie und Physiologie der Ernährung haben eine viel ökonomischere Tierzucht bereits herbeigeführt, die rationelle Landwirtschaft findet es leicht heraus, die Vegetabilien in den größten Fleischwert umzusetzen. In der Ernährung der Menschen dagegen hat noch viel zu geschehen, um die Fortschritte der Physiologie und der Chemie ökonomisch zu verwerten. Der Genuß der Masse kann noch stark gesteigert werden, wenn die Erziehung es dahin bringt, durch die Masse der weiblichen Bevölkerung einen höheren Grad der Befriedigung aus ihrem bisherigen Aufwande des Haushaltes zu erzielen. Wieviel Material wird in ländlichen Küchen an schlechte Speisen vergeudet, wieviel Brennmaterial verschwendet — von den höheren Aufgaben des Haushaltes, und der Erziehung zu schweigen! Man denke nur an die Wertverluste durch die große Kindersterblichkeit, durch das frühe Hinsterben gewisser Volksklassen, welches nicht bloß auf absolut unzureichendem Einkommen, sondern auch auf unwirtschaftlicher Einrichtung des Unterhaltes und des Haushaltes beruht. Noch immer geht in der Konsumtion viel zu viel Vermögenskraft durch Reibungswiderstände der Unwirtschaftlichkeit für den menschlichen Zweck verloren."

Das Prinzip der Ausnutzung aller Abfälle hat in der Industrie geradezu neue Industriezweige hervorgerufen, aber der hauswirtschaftliche Betrieb, in dem in der breiten Volksschicht eine Ausnutzung

[1] Schäffle, Gesellschaftliches System der menschlichen Wirtschaft. Seite 314.

alles dessen, was für die geringen Einnahmen erworben wird, unbedingt notwendig wäre, kennt eine Verwertung der Betriebsabfälle nur in landwirtschaftlichen Kreisen.

Das Fortschaffen und Sortieren der Masse der Abfälle aus den Haushaltungen bildet für die Städte eine Aufgabe, die zu lösen immer neue Systeme auftauchen.

Wie kann nun, so fragen wir uns, ein System der Unwirtschaftlichkeit so lange erhalten, so lange in Kraft bleiben und bevorzugt werden? Wir wollen in diesem Kapitel nur die wirtschaftlichen Gründe zu dieser Frage erörtern, im Schlußkapitel dagegen die Imponderabilien, welche dieses Konsumtionssystem halten, analysieren.

Für die Bezahlung der Frauenarbeit haben wir, als wir ihre Beteiligung an der Volkswirtschaft kennen lernten, hauptsächlich ihre geringe Verbrauchskraft als ausschlaggebendes Argument ins Feld geführt. Jedoch dieses Argument genügt nicht, und da wir auch wissen, welche Art von Arbeit vorwiegend von der Frau in der volkswirtschaftlichen Arbeitsleistung ausgeübt wird, können wir ihre geringe Arbeit gleichfalls als Ursache schlechter Entlohnung ansehen.

3. Der Preis der Arbeit.

Eine Analyse von Ernst Engel über den „Preis der Arbeit" [1] ist für die Einschätzung der Leistung auch von Frauenarbeit so wesentlich, daß diese hier im Kurzen als Leitfaden benutzt worden ist.

Ausgehend vom Wesen der Arbeit, läßt er dieses in seiner Qualität bestimmen durch die vorzugsweise Anwendung der drei Organe menschlicher Arbeit: Leib, Verstand und Herz. Je nachdem eines dieser Organe mehr als die anderen bei der Arbeit zum Ausdruck kommt, spricht man von physischer, geistiger oder intellektueller und moralischer Arbeit. Neben dieser qualitativen Analyse der Arbeit ist es die quantitative, die gleichfalls eine Rolle bei der Beurteilung der Arbeit spielt: ob und wieviel Leibeskraft, ob Kopfarbeit, und welche Art von Kopfarbeit vorliegt, ob das Herz bei dieser Arbeit beteiligt ist, oder nicht, sind Momente, die zwar nie abgewogen werden können, die für das Wesen der Arbeit aber bestimmend sind.

---

[1]) Ernst Engel, Wesen und Preis der Arbeit. Heft 20—21 der Sammlung gemeinverständlicher wissenschaftlicher Vorträge (herausgegeben von Rudolf Virchow und Fr. v. Holtzendorf).

Die physische Kraft als reine Gewaltsausübung des Körpers ist geschichtlich der älteste Ausdruck, den die Arbeit bei den ersten Tätigkeitsäußerungen gefunden hat; der Verstand mit dem diese Kraft der Tätigkeit Ziel und Zweck stellte, ein weiteres Stadium. Die Anfertigung und Handhabung von Werkzeugen ist eine intellektuelle Leistung, wodurch die physische Kraft ersetzt und gehoben wird. Diese Kombination zweier Leistungen zeigt schon die Unendlichkeit der Kombinationen, welche durch die Gradunterschiede in den Leistungen überhaupt hervorgerufen werden können, besonders wenn auch noch die Leistungen des Herzens ihren wichtigen Einfluß auf die Qualität der Arbeit geltend machen. Diese Leistungen des Herzens stehen am höchsten, sie sollen sogar unbezahlbar sein.

Uns drängt sich die Frage auf, ob vielleicht der große Anteil von Leistungen des Herzens, mit denen die Frau ihren Mann versorgt, ihre Kinder pflegt und ihrem Hauswesen vorsteht, ein Grund sein kann, weshalb bei der Entschädigung für die Hausfrauentätigkeit, das „unbezahlbare" Moment so sehr ins Gewicht fällt. Engel meint: daß die Leistungen des Herzens „wahrscheinlich aus diesem Grunde (d. h. weil sie unbezahlbar sind) nur selten auf Erden ihren Lohn finden, sondern wie die Glaubenssätze fast aller Religionen lehren, erst in einer andern Welt."

Für den Gläubigen mag dies ein trefflicher Trostgrund sein, es ist aber keine Erklärung für die ungenügend bezahlte Hausfrauenarbeit. Diese Erklärung bringt vielleicht die Analyse über den Preis der Arbeit. Während die Organe der Arbeit Naturgaben für den Menschen sind, kann dieser natürliche Fonds für die menschlichen Zwecke nur durch Kapital und Arbeit nutzbar gemacht werden. Die Art und Größe dieser Aufwendungen müssen in dem Preis der Arbeit ihren Ausdruck finden. Es sind somit wirtschaftliche Geschehnisse, die auf den Preis der Arbeit bestimmend einwirken, und zwar werden durch dieselben die Selbstkosten der Arbeit festgelegt. Unter die Höhe der Selbstkosten darf und kann der Preis für die Arbeit nicht dauernd fallen, die Selbstkosten der Arbeit sind das Minimum, für das die Arbeitsleistung hergegeben werden kann.

Die Selbstkosten der Arbeit sind wie das physiologische Existenzminimum, das in den Selbstkosten der Arbeit stets mitenthalten ist, der Mindestsatz, aber auch die Basis zur Berechnung des Aufwandes für die Arbeitsleistung.

Engel geht dabei von folgender Erwägung aus, als er den Selbstkostenpreis der Arbeit berechnet:

Das menschliche Leben zerfällt in drei Perioden: die Jugend- und die Alters-Periode, welche beide unproduktiv sind, und die Periode der dazwischen liegenden Jahre, die produktiv ist. Diese mittlere Periode wird je nach der vorwiegenden Eigenschaft der zu leistenden Arbeit als physische, intellektuelle oder moralische Leistung, durch die Vorbereitungszeit zu diesen Aufgaben, kürzer oder länger werden. Engel sagt „es ist leicht einzusehen, daß die Selbstkosten um so beträchtlicher sind: erstens je länger die erste unproduktive Periode währte (weil dadurch die produktive Periode, die aus naturgesetzlichen Gründen nicht bis über das 65. Jahr hinaus dauert, um so viel verkürzt als die Jugendperiode länger ausgedehnt wird); zweitens je größer der zu tilgende Erziehungs- und Bildungsaufwand ist, drittens je mehr Aufwand die Krafterhaltung und Erneuerung in der Arbeitsperiode in Anspruch nimmt; viertens je gefährlicher die Arbeit für die Gesundheit und das Leben ist und endlich fünftens je größer die Erwerbsstörungen durch äußere Ursachen in der produktiven Periode sind. Nur in der produktiven Periode vermag der Mensch vom Preise seiner eigenen Arbeit zu leben; in der Jugendperiode ist er unbedingt auf die Hilfe anderer angewiesen; in der Periode des Alters kann er von den erübrigten Früchten der Arbeit seiner Arbeitsperiode zehren. Wenn auch das Leben des Kindes in der Jugendperiode auf Kosten seiner Eltern geschieht, so unterliegt es doch keinem Zweifel, daß dazu vor allem die Mittel vorhanden, und daß sie, weil die Natur sie nicht herschenkt und sonst Niemand, ohne zu verarmen, sie schenken kann, erarbeitet sein müssen. Das kann wiederum nur in der Arbeitsperiode geschehen. Sonach muß in dieser Periode für dreierlei gesorgt werden: erstens für die Wiedererstattung der Auslagen, welche den Eltern die Erhaltung des Kindes in der Jugendperiode verursachte, zweitens für die Erhaltung des Lebens und der Arbeitskraft während der Arbeitsperiode und drittens für die Erhaltung während der Altersperiode bis zum Tode[1]."

Die Auslagen für die Erhaltung in der Jugend werden unter der Vorstellung erarbeitet werden müssen, daß sie anstatt nur als Wiedererstattung für die eigenen Jugendauslagen auch als Kosten für die Erhaltung der Kinder aufzubringen sind. Sonst liegt in der Engelschen Begründung des Selbstkostenpreises nur der Preis der Arbeit für die eigene Person. Daher wundert es uns, daß er unvermittelt,

---

[1] Ebenda S. 36—37.

und mit dieser Berechnung nicht in Übereinstimmung stehend, das Lohnminimum für die Arbeiter und Angestellten nicht nach den Selbstkosten seiner Arbeit annimmt, sondern zugibt, daß nicht die ledigen, sondern die verheirateten Arbeiter das Lohnminimum bestimmen. Mit anderen Worten: der Selbstkostenpreis ist nur die unterste Grenze für den Preis der Arbeit; der Lohn des Mannes soll die Möglichkeit geben, mit der Familie davon zu leben, der Lohn soll nicht nur die Erhaltungskosten der Kinder in ihrer Jugendperiode zu bestreiten im Stande sein, sondern auch ausreichen, um für die Frau während ihrer produktiven und unproduktiven Periode zu sorgen. Die Kostenauslagen für die Jugendperiode des weiblichen Geschlechts wären also auch, gleichviel ob vom Vater, oder vom Gatten, vom männlichen Geschlecht zu tragen. Deshalb freut sich Engel, daß „das Erziehungs- und Bildungskapital der Frauen glücklicherweise nicht den gleichen Betrag wie das der männlichen Jugend beträgt, weil die Bildung des weiblichen Geschlechts im Allgemeinen nicht so intensiv und darum wohlfeiler zu bestreiten ist, andern- und wesentlicherenteils aber deshalb nicht, weil die jungen Mädchen sich eher durch ihre Hilfleistung in der Hauswirtschaft nützlich zu machen verstehen, so daß aus diesem Grunde die Periode ihrer partiellen Produktivität viel früher beginnt. Es verteilt sich mithin eine kleinere Schuld auf eine längere Tilgungszeit. Sind die Frauen verheiratet, so geschieht die Tilgung, bei wirtschaftlichen Frauen wenigstens, in hervorragender Weise durch deren Arbeit selbst. Nun gibt zwar der Ehegatte der Gattin keinen baren Lohn, aber, indem er für sie wie für sich sorgt und die Kosten der Wirtschaft bestreitet, vergütet er ihr jene Selbstkosten in seinen Ausgaben."

Dieser Schluß erscheint nicht nur voreilig, sondern er scheint auch mit den tatsächlichen wirtschaftlichen Verhältnissen nicht übereinzustimmen. Daß diese wirtschaftlichen Verhältnisse seit den siebziger Jahren, zu welcher Zeit Engel seine Schrift verfaßte, in bezug auf den Lohn des Familienvaters und den Nebenverdienst der Frau wesentliche Modifikationen durchgemacht haben, ist keine Entschuldigung dafür, daß die theoretische Beweisführung Engels in bezug auf die Hausfrauentätigkeit mehr traditionell, als objektiv analytisch ist. Nach unserem Dafürhalten ist die Beweisführung Engels, was den Selbstkostenpreis anbetrifft richtig, er hätte nur auch ihre Anwendung auf die Frau ausdehnen sollen, und sich nicht auf einmal in der Schlinge des Tatsächlichen und Traditionellen fangen müssen,

d. h. nicht im Lohnminimum des verheirateten Mannes die Regel des Selbstkostenpreises für die hauswirtschaftlich tätigen Ehefrauen durchbrechen müssen. Ist die Analyse für den Preis der Arbeit richtig, und dies scheint uns der Fall zu sein, so trifft ihre Anwendung ohne Unterschied des Geschlechtes für jeden zu, der nicht von den Zinsen eigenen Vermögens lebt.

Die Frau muß daher ebenso wie der Mann für die zwei unproduktiven Perioden ihres Lebens — für die Zeiten der Jugend und des Alters — sorgen, sie muß in der produktiven Arbeitsperiode in dem Preis ihrer Arbeit das Mittel finden, um für die unproduktiven Zeiten zu sorgen. Die kleinen Kosten für den Aufwand an Erziehungs- und Bildungskapital sind kein Vorteil, sondern ein Schaden für sie, denn wenn auch die Amortisation ihres Erziehungskapitals wenig Aufwand von Arbeit erfordert, so setzt auch der geringe Aufwand an Erziehungskapital sie nicht in die Lage, in genügender Weise den eigenen Unterhalt zu verdienen. Der Selbstkostenpreis ihrer Arbeit steht hinter dem Selbstkostenpreis der Arbeit des Mannes in den meisten Fällen weit zurück, die Frau kann daher ihre Arbeitskraft billiger anbieten, als der Mann, somit ist sie auch hier wieder zur Schmutzkonkurrenz prädestiniert. Die Schäden, die sie durch diese Konkurrenz angerichtet hat, sind Folgen eines Systems, das zu Zeiten der geschlossenen Hauswirtschaft Berechtigung hatte, jetzt aber längst überholt sein müßte.

In unserem kapitalistischen Zeitalter, wie auch in früheren Zeiten wird die Hausfrauentätigkeit mit Dank und mit dem Lebensunterhalt, je nachdem hier reichlicher, dort kärglicher, vergolten. Ihr Entgelt ist freie Behausung, Beköstigung und Kleidung. Dieser Naturallohn erklärt zum Teil die häufige Erscheinung, daß die Hausfrau und Haustochter nicht den Wert des Geldes als Maßstab für Arbeitsleistungen anlegen können. Als die weibliche Arbeitsleistung zuerst in der Volkswirtschaft verlangt wurde, konnte die Frau den Verkaufswert der eigenen Kraft nicht einschätzen. Diese Unwissenheit, ihr kleiner Bedarf an Lebensmitteln, der geringe Selbstkostenpreis ihrer Arbeit, die oft vorhandene Notlage, die fehlende Organisation, alle diese Momente trugen dazu bei, den Geldlohn für das weibliche Geschlecht zum Hungerlohn herabsinken zu lassen. Dazu kommt noch, daß viele Frauen überhaupt nicht einen vollen Verdienst erarbeiten wollen, sondern nur einen Zuschuß zu dem Verdienst des Mannes anstreben. Daß der kleine Verdienst durch Erwerbstätigkeit des öfteren nur durch überlange Arbeitszeit zustande kommt, fällt der Frau, die in der Hauswirtschaft an nie endende Arbeit gewöhnt ist, nicht sofort auf.

Außerdem wird die freie Entwicklung der Frauenarbeit durch die verschiedensten Umständen gehemmt: schlechte und für die Hausfrauen gänzlich fehlende Organisation, Mangel an Arbeitsteilung in der Hauswirtschaft, Behinderung der Selbständigmachung durch ungenügende Kenntnisse und endlich soziale Vorurteile aller Art. Je tiefer das Bildungsniveau der Frau ist im Verhältnis zu dem ihrer männlichen Standesgenossen, um so mehr werden Vorurteile ihren Einfluß geltend machen, und um so ängstlicher wird die Frau z. B. auch in der Hauswirtschaft festhalten an Bräuchen und Sitten, ohne ihren Wert zu prüfen oder zu messen an Fortschritten der Technik oder an Gründen der Vernunft.

Das Gute, Schöne und Erfreuliche, das die Hauswirtschaft als weibliche Betätigung der Frau bietet, geht nicht verloren, wenn eine rationellere Betriebsart, eine bessere Ausnutzung der Nährwerte, eine ausgedehntere Fachkenntnis diese Arbeit für die Frau vertiefen und für die Allgemeinheit nützlicher machen.

Fünftes Kapitel.

Hauswirtschaft und Familie.

Die Frage der hauswirtschaftlichen Nahrungskonsumtion ist bis jetzt nur von der materiellen Seite betrachtet worden. Wir lernten sowohl die Tendenz der Belastung des Budgets, als die Tendenz der Bewegung der Arbeitskräfte in der Hauswirtschaft kennen. Wir haben die äußere Einwirkung auf die Gestaltung der Hauswirtschaft analysiert, wir haben jedoch die inneren Gewalten, die der Hauswirtschaft wie keiner anderen Wirtschaftsform innewohnen, unbeachtet gelassen. Die Aufgaben des Hauses sind viel weniger in der leiblichen Versorgung seiner Mitglieder als in der moralischen Wechselwirkung der gegenseitigen Einflüsse zu suchen. Die tägliche Fürsorge für das physische Wohl der Familienangehörigen ist der notwendige Unterbau, auf dem das Familienleben sich weiter entwickeln kann. Erst wenn dieser Unterbau gesichert, gut und rationell fundiert ist, kann sich das geistige Leben günstig weiter entfalten, kann die moralische Kraft, die von der Familie ausgehen soll, auch wirklich von ihr ausgehen und für diesen engen Kreis, wie für die Gesamtheit nutzbringend wirken. Wir haben schon früher darauf hingewiesen, daß die Form der Familie, nicht aber ihr Inhalt, durch die moderne Entwicklung der Volkswirtschaft gefährdet ist. Wir glauben sogar, daß der Inhalt der Familie viel mehr durch die jetzige Form der Hauswirtschaft als durch die der Volkswirtschaft bedroht ist. Die extensive Betriebsart der Familienhaushaltung steht nicht in Einklang mit der intensiven Volkswirtschaft. Diese extensive Betriebsart findet nicht in der Ausdehnung der Anlagen, sondern in der Vielfältigkeit der Aufgaben der Hauswirtschaft ihre Grundlage. Die Kleinheit der hauswirtschaftlichen Familienbetriebe variiert von Haushalten, die nur über einen Küchenanteil verfügen können bis zu solchen, die für zwölf und mehr Personen eingerichtet sind. In Württemberg allein hatten u. a. 20 957 oder 4,5 % aller Familienhaushalte nur über einen Küchenanteil zu verfügen. Die Kleinheit der Wohnung macht das Halten von Vorräten unmöglich, so wird z. B. über München berichtet, daß bei der Erhebung der Haushaltungsrechnungen in dieser Stadt Familien vorkamen, von denen u. a. der Bedarf an Kartoffeln durch einen Einkauf von nur drei Pfennig pro Mahlzeit gedeckt werden konnte. Dieser Aufwand von Arbeit findet nicht nur beim Einkaufen statt, sondern er wiederholt sich bei jeder hauswirtschaftlichen Arbeit. Mit Recht sagt Schmoller: „In der isolierten Wirtschaft des Individuums findet eine ungeheure Kraftverschwendung statt, zu jeder Stunde muß wieder anderes getan werden; die Hemmung und Reibung verbraucht den größeren Teil der Kraft, der Erfolg ist ein minimaler gegenüber der geteilten und gesellschaftlich richtig geordneten Arbeit. Die kurze Lebensdauer und der geringe Umfang der individuellen Kräfte erlauben eine bessere Ausbildung der geistigen und körperlichen Fähigkeiten nur auf beschränktem Gebiete [1]."

Die Frage ist jetzt diese: warum hält sich trotz des Mangels an Wirtschaftlichkeit die Hauswirtschaft in dieser Isoliertheit, warum zeigt sich im Gegensatz zu der zunehmenden Abneigung, in dienender Stellung hauswirtschaftliche Arbeit zu verrichten, seitens der Frau nicht eine ebensolche Abneigung Hausfrauentätigkeit zu übernehmen? Unseres Erachtens ist hier gerade die Isoliertheit der Hauswirtschaft der Grund, warum die für ihre Aufgaben unvorbereitete Ehefrau sich nicht scheut Pflichten zu übernehmen, denen sie vielleicht nicht gewachsen sein könnte. Die Selbständigkeit in diesem geschlossenen

---

[1] Schmoller, Grundriß I, S. 364.

Kreise der Familienwirtschaft übt eine nie versagende Anziehungskraft aus, ebenso das Gefühl, durch andere Dinge als durch wirtschaftliche Leistungen eventuelle Fehler in der Haushaltung ausgleichen zu können. Diese „anderen“ Dinge, die Summe der Imponderabilien, die Kraft des Unfaßlichen siegen über den Rationalismus in den hauswirtschaftlichen Betrieben. Nicht nur die Hausfrau glaubt, daß sie am geeignetsten ist, Einkäufe zu besorgen, Kinder zu erziehen, Mahlzeiten sparsam zuzubereiten, Wäsche zu flicken, Ordnung zu halten, sondern auch der Mann lebt ganz in der Überzeugung weiter, daß die hauswirtschaftliche Tradition erhalten werden muß, daß die Ehefrau am besten für die Aufgaben der Wirtschaft zu sorgen imstande ist. Und ist sie es nicht, ist sie in dieser Hinsicht den Aufgaben des Hauses nicht gewachsen, dann wird der Fehler nicht im System der Hauswirtschaft, sondern in der mangelnden Beanlagung, in der Unwirtschaftlichkeit der Frau gesucht. Trotz der vielen Gegenbeweise gegen diese der Frau innewohnende Eigenschaft wird an der Identifizierung von Frau und Wirtschaftlichkeit festgehalten. Und nicht nur das, sondern der viel weiter gehende Schluß wird gezogen: Hauswirtschaft und Familienleben wird als eine und dieselbe Sache angesehen. Dabei ist die Hauswirtschaft nichts anderes als die technische Erledigung gewisser materieller Anforderungen, die ein gemeinsames menschliches Zusammenleben stets nötig macht. Diese materiellen Anforderungen mit Kenntnis und unter Berücksichtigung individueller Wünsche der Zusammenlebenden zu befriedigen, ist die Ergänzung des rein Technischen in der Hauswirtschaft und der Übergang der materiellen zu den ideellen Aufgaben derselben. Die Anforderungen, die Hauswirtschaft und Familienleben stellen, müssen gegeneinander abgewogen werden, damit nicht das Gleichgewicht der Beziehungen zwischen materiellen und geistigen und moralischen Bedürfnissen verloren geht. Je höher ein Volk kulturell sich entwickelt hat, desto größer ist sein Bedürfnis nach geistigen Gütern, desto größer ist der Kreis, der dieses Bedürfnis befriedigen will. Zu den Gütern der Kultur gehören auch die Ordnung und Ruhe im Hause, damit sich das Haus zum Heime entwickelt. Voraussetzung zu dieser Ordnung und Ruhe ist die richtige Einschätzung des Wertes der technischen Aufgaben in der Hauswirtschaft, welche immer nur Mittel sein dürfen, den höheren Zwecken des Zusammenlebens zu dienen. Denn nicht die Hauswirtschaft, sondern das Heim wird durch die geistig-sittlichen und wirtschaftlichen Einwirkungen der Hausgenossen die Quelle sozialer Tugenden. Wir brauchen das

Heim als kleines soziales Milieu, um Einsicht und Liebe für die Aufgaben in der großen menschlichen Gesellschaft zu gewinnen. So wie die Befriedigung der physiologischen und physischen Bedürfnisse in der Hauswirtschaft den Unterbau des Familienlebens bildet, so muß das Haus sich zum Heime entwickeln, um die richtige und wahre Basis für die geistige und sittliche Weiterentwicklung der menschlichen Gesellschaft zu sein. So wie bei den niedrigsten Haushaltungsbudgets die Nahrungsausgabe das Übergewicht über alle Ausgabenposten des Budgets hat, so hat auch die Hauswirtschaft mit ihren Anforderungen an Zeit, Kraft und Geld in der Mehrzahl der Haushalte das Übergewicht über die geistigen Aufgaben im Leben der Familie.

Die Genußkonsumtion erfordert auf allen Gebieten außerordentlich viel Mühe. Die Behauptung aber, als sei die Frau, so weit sie nicht in der Produktion erwerbstätig ist, zur Nur-Konsumentin herabgesunken, ist darum nicht richtig, weil die erhaltende Tätigkeit einen Hauptteil der hausfraulichen Aufgaben bildet. Die erhaltende Tätigkeit, die ebensowenig eine produktive als eine konsumtive ist, nimmt besonders in der heutigen Zeit, in der die Produktion massenhaft Schundwaren in das Haus bringt, außerordentlich viel Zeit in Anspruch; gleichfalls stellt die rasch wechselnde Modekonsumtion Anforderungen an fleißige Hände, die nur durch großen Zeitaufwand zu befriedigen sind.

Die Arbeitsersatzmittel in der Hauswirtschaft, als da sind Nähmaschine, Konserven, Warmwasserversorgung, Vakuumreinigung usw., können nur als Begleiterscheinungen gesteigerter Lebensansprüche gelten. Für jede Produktionsaufgabe, welche dem Hause genommen ist, weil Technik und gesellschaftliche Arbeitsteilung diese Aufgaben nach außerhalb der Hauswirtschaft verlegt haben, sind andere Aufgaben innerhalb der Familie gekommen, für deren Erledigung jedoch die Zahl der Arbeitskräfte stets mehr nachgelassen hat und noch stets abnimmt. Dem zunehmenden allgemeinen Wohlstand der Bevölkerung steht eine abnehmende Zahl von Wirtschaftskräften in der Haushaltung gegenüber: der wohlhabenden Hausfrau fangen an die Dienstboten, der weniger wohlhabenden Hausfrau die mithelfenden Familienangehörigen zu fehlen. Das Dilemma in der Hauswirtschaft liegt somit auf der Hand.

Die Lösung dieser Schwierigkeit wird auf ganz verschiedene Weise herbeizuführen gesucht. Zwei Richtungen sind hier zu unterscheiden: die eine versucht durch bessere hauswirtschaftliche Bildung die alte Form der Hauswirtschaft zu wahren, die andere versucht durch Anwendung von Arbeitsteilung und besserer Technik eine neue Form für die Hauswirtschaft zu finden. Dezentralisation und Zentralisation, oder Isolierung und Organisation in der Hauswirtschaft sind die Gegensätze, durch die man der Auflösung der Hauswirtschaft vorbeugen will. Das Zusammenfallen der Begriffe Hauswirtschaft und Familienhaushalt wird von der ersten Richtung als notwendig für ein gedeihliches Weiterentwickeln angenommen, die gegenseitige Unabhängigkeit beider Begriffe andererseits vorausgesetzt. Von beiden Seiten wird das richtige Eintreffen einer hypothetischen Berechnung zugunsten der Einzelhauswirtschaft oder des Großbetriebes gewissermaßen in den Vordergrund geschoben.

Lorenz von Stein, der schon in den siebziger Jahren die drohende Gefahr für die Entwicklung in dem Familienhaushalte vorausgeahnt hat, stellte in einem Vortrag über die Stellung der Frau in der Nationalökonomie fest, „daß es der Liebe und der Achtung vor unseren Frauen keinen Eintrag tun wird, wenn man ihnen beweist, daß sie uns nicht bloß unendlich teuer, sondern daß sie uns außerdem noch mindestens tausend Millionen, zu sechs Prozent berechnet, jährlich wert sind[1]."

Diesen Beweis trachtete er damit zu erbringen, daß er für eine Bevölkerung, die aus sechs Millionen Familien bestand, berechnete, daß durch „die Arbeit der kleinen, weichen Hände, die so wenig zu tun scheinen, und so viel zu leisten fähig sind" u. a. 20 Millionen Hemden besser erhalten werden würden, was eine Ersparnis von 3 700 000 fl. pro Jahr ergeben würde. Außerdem soll in der Familienhaushaltung kein Speiserestchen verkommen, um damit täglich 600 000 fl. zu ersparen!

Den Beweis bleibt Stein uns aber schuldig; denn dazu hätte er nicht nur abschätzen müssen, was durch die erhaltende Arbeit der Frau erspart wurde, sondern er hätte gleichfalls feststellen müssen, wieviel durch den Aufwand von Kraft, Zeit und Unwirtschaftlichkeit andererseits verausgabt worden wäre.

Hätte diese Berechnung ein Plus ergeben, dann wäre allerdings dieses Plus zugunsten der alten Einzelhauswirtschaft ins Gewicht gefallen. Voraussetzung bei dieser Berechnung ist stets, daß die Arbeitsleistung der Hauswirtschaftenden vollständig durch die Unterhaltskosten gedeckt wäre. Wir wissen aber, daß auch für die weiblichen

---

[1] Lorenz von Stein, Die Frau auf dem Gebiete der Nationalökonomie, S. 43.

Arbeitsleistungen mehr als der Unterhalt, mindestens der Selbstkostenpreis ihrer Arbeit gezahlt werden muß. Wenn also jede Hausfrau, jede Haustochter, und jede Magd durch bessere Bildung instand gesetzt werden soll, hauswirtschaftlich ökonomischer zu arbeiten, um dem Gesamthauswesen damit von Nutzen zu sein, so schließt andererseits der höhere Aufwand für Erziehung der weiblichen Wirtschaftenden eine höhere Entschädigung dieser Arbeitskräfte in sich. Mit anderen Worten: die Gewährung von Behausung, Kleidung und Ernährung genügt nicht, um den Selbstkostenpreis dieser Arbeit zu decken, und auch die Hausfrau und Haustöchter wären, wie jetzt die Dienstboten, auf Geldentschädigung angewiesen.

Es fehlt dann auch nicht an Vorschlägen dieser Art. In der Schweiz haben neuere Gesetzesbestimmungen diese Frage erledigen wollen, indem sie der Frau ein Anrecht auf einen gewissen Teil des Einkommens des Mannes für hauswirtschaftliche Tätigkeit einräumen.

Unserer Ansicht nach ist diese vermögensrechtliche Art der Regelung, wenn auch theoretisch nicht unberechtigt, praktisch für die Mehrzahl der Haushalte undurchführbar und gleichfalls für das Familienleben von viel eingreifenderer und fatalerer Konsequenz, als eine technische Änderung des Unterbaues der Hauswirtschaft. Die Vielheit der Einnahmequellen, die jetzt schon nötig ist, um das Familieneinkommen zusammenzubringen, würde durch die Überweisung eines Postens von der Seite des Mannes auf die Seite der Frau ebensowenig vermehrt, wie das Familieneinkommen selbst. Bei gleichbleibenden Einnahmen werden die Ausgabeposten um einen vermehrt, folglich muß an den anderen Ausgabeposten gespart werden, wenn Einnahmen und Ausgaben stimmen sollen. Der Kreislauf des Geldes wird etwas anders, aber er bewegt sich stets innerhalb desselben Kreises. Der Vorteil für die Wirtschaft und für die Hauswirtschafttreibenden wäre also nur dann möglich, wenn ein unnötiger Posten im Wegfall käme. Die Annahme, als wäre der Mann stets in irgend einer Weise imstande, auf seinem Konto zu sparen, ist nicht berechtigt, die Haushaltungsrechnungen zeigen für die Einkommen unter 3000 Mark überhaupt keinen solchen Posten, an dem gespart werden könnte.

Eine Geldentschädigung für die Hausfrau würde nur minimal sein können, und faktisch weder im Haushalte noch für die Familienangehörigen noch für die Frau oder Haustochter irgend etwas ändern.

Die hauswirtschaftliche Bildung, die von Stein und Schäffle schon in den sechziger und siebziger Jahren des vorigen Jahrhunderts verlangt wurde, fängt an sich jetzt schüchtern durchzusetzen. Und zwar setzt sie sich dort am ersten durch, wo durch Fortbildungsschulen in den Städten gewisse Anknüpfungspunkte zu neuen Unterrichtsfächern gegeben sind, und nicht auf dem Lande, wo durch die dezentralisierte Lage der Haushalte und besonders durch die Eigenproduktion der Wirtschaften eine tüchtige Bildung gerade am meisten am Platze wäre.

Bis der Fortbildungsschulzwang für die weibliche, ländliche Jugend in allen Bundesstaaten durchgeführt ist und dieser Fortbildungsschulzwang dann noch in genügender Weise Haushaltungsunterricht in dem Stundenplan aufweist, wird noch viel Zeit vergehen, und daher noch viel mehr als jetzt in den Bauernwirtschaften der Gebrauch fortgeschritten sein, nicht nur das Zuviel, sondern fast alle guten selbstgezogenen, und für den eigenen Bedarf nützlichen, Produkte zu verkaufen und gegen Geld und minderwertige Surrogate zu vertauschen. Volkswirtschaftlich bedeutet dies eine Herabsetzung des Gesundheitszustandes der ländlichen Bevölkerung, eine Herabminderung somit der Lebensquelle, aus der die Städtebevölkerung ihr „neues Blut" holt.

Sollte man der Meinung sein, das Haushaltungswesen in der heutigen Form nur durch Unterricht erhalten zu können, so wäre es notwendig, dort mit diesem Unterricht einzusetzen, wo die Form der Wirtschaft dies am meisten verlangt: d. i. auf dem Lande, wo Eigenproduktion und Eigenkonsumtion zusammenfallen sollen, wo die Dezentralisation der Haushaltungsbetriebe eine Zusammenlegung der Hauswirtschaften nicht gestattet.

Durch Einführung einer allgemeinen Ernährungslehre in den ländlichen Volksschulen, könnte man unter Berücksichtigung der lokalen Konsumtionsverhältnisse den Knaben und Mädchen sowohl den Wert der Eigenproduktion als den der Eigenkonsumtion beibringen.

Die praktischen Übungen in Kochunterricht sollten den Zweck haben, die Schülerinnen für das Haus zurückzugewinnen. Allerdings würde die Einführung dieses Unterrichtsfaches einer Landflucht nicht vorbeugen. Es wäre damit nur so viel gewonnen, daß diejenigen, welche daheim ihren Beschäftigungskreis finden würden, ihren Aufgaben im Hause ein besseres Verständnis entgegen bringen könnten. In dieser Weise könnte die ländliche Volksschule durch geeigneten Haushaltungs- und Kochunterricht die Anregung zur wichtigen Eigenkonsumtion geben. Es ist bis jetzt in landwirtschaftlichen Schulen mehr Wert auf bessere Bildung zur Produktion, als auf solche für die Konsumtion gelegt worden, und durch diese einseitige Art des

Versuches wurde das hauswirtschaftliche Problem, das ebensosehr von der Produktion als von der Konsumtion abhängig ist, nur unvollkommen gelöst. Aber nur geeigneter Koch- und Haushaltungsunterricht kann von Nutzen sein. Kurse, die sechs Wochen dauern, Stundenpläne mit zu wenig Haushaltungsunterricht genügen nicht: anregend soll dieser Unterricht sein, aber auch ausreichend, eine dilettantische Belehrung genügt nicht, um große Schäden auszugleichen. Und um große Schäden handelt es sich. Tägliche Vergeudung durch ungenügende Zubereitung der Nahrungsmittel in der Hauswirtschaft vergrößert den Umfang der unnützen Konsumtion in der Volkswirtschaft. Solche Vergeudung wirkt wie eine Einengung des Nahrungsspielraumes. Während man einerseits in der Produktion durch intensivere Bodenausnutzung diesen Nahrungsspielraum zu vergrößern sucht, hat man nichts getan, eine Vergeudung von Waren bei der Konsumtion zu verhindern. Dies wäre die Aufgabe, die die ländlichen Volksschulen mit dem Kochunterricht in erster Linie zu lösen hätten. Jedoch die Versuche hauswirtschaftliche Bildung methodisch zu vermitteln, haben bis jetzt stets dort eingesetzt, wo eine Fachbildung für Erwerbszwecke eher am Platze gewesen wäre. Die Fortbildungsschule hat in den Städten ihre Expansionskraft entwickelt, und für das weibliche Geschlecht sind die kaufmännischen Angestellten die ersten, die ein Anrecht auf solchen Unterricht überhaupt haben. Erstreckt sich der Fortbildungsunterricht auf hauswirtschaftliche Fächer, so kommen in erster Linie die erwerbstätigen Mädchen für eine Hausfrauenbildung in Betracht. Die Bewegung, welche die Hauswirtschaft als solche in altbewährter Form erhalten will, sollte zuerst die ländlichen Volkskreise erfassen, statt dessen stellt sie die Wohltaten ihrer berechtigten Interessen der städtischen, erwerbstätigen, weiblichen Jugend zur Verfügung. Diese erhalten an Stelle einer guten Fachbildung, durch die sie in ihrem Beruf Tüchtiges leisten könnten, einem dilettantischen Unterricht für einen Beruf, in den sie vielleicht nie eintreten werden. Nicht jede Erweiterung des Mädchenunterrichtswesens ist eine kritiklos hinzunehmende Wohltat für das weibliche Geschlecht. Wir halten eine Entwicklung des Haushaltungsunterrichts in der Richtung, die sie jetzt nimmt, nicht für zeitgemäß, nicht im Einklang mit der volkswirtschaftlichen Entwicklung, noch im Einklang mit der Entwicklung der hauswirtschaftlichen Technik. Erstere verlangt stets mehr Arbeitskräfte, letztere macht Ersparnis an Arbeitskräften möglich. Die Ausdehnung hauswirtschaftlichen Unterrichts auf alle Angehörige des weiblichen Geschlechts ist eine

Zersplitterung der weiblichen Bildung und ein Unberücksichtigtlassen der vorhandenen Tatsachen.

Der Schwerpunkt in der Frage ist nicht die mehr oder weniger gelungene Erhaltung der Hauswirtschaft, sondern die Abwägung des Raumes, den die Hauswirtschaft im modernen Familienleben einnehmen darf. Da die Hauswirtschaft technische Aufgaben für einen gewissen Kreis zu lösen hat, so müssen auch die technischen Errungenschaften der Hauswirtschaft dienstbar gemacht werden. Die Leitung der Hauswirtschaft muß eine solche sein, daß die Entfaltung des Familienlebens eine möglichst günstige ist, hier müssen alle Kräfte zusammenwirken, und die Hausfrau soll nicht nur als unausgesetzt in der Tretmühle arbeitendes, sondern möglichst als sittliches Element in ihrem Kreise nützen.

Die Leitung der Hauswirtschaft muß fachgebildeten Leitern oder Leiterinnen übergeben werden. Auch für diese Aufgabe ist hauswirtschaftliche Bildung nötig. Während Elementarunterricht mit eventuellen Fortbildungsschulkursen für die ländliche Bevölkerung ausreichen würde, müßte neben diesem mehr praktisch gedachten Unterricht auch eine praktische und theoretische Vorbildung durchgeführt werden, die eine reine Fachbildung beabsichtigt. Und zwar soll diese Fachbildung nach drei Richtungen ausgestaltet werden. Einmal als Vorbildung zur hauswirtschaftlichen Lehrerin und dann als Vorbildung zur Leiterin für große hauswirtschaftliche Betriebe, und drittens als Hilfskraft in der Hauswirtschaft. Für die erste Art der Vorbildung sind in den verschiedenen deutschen Staaten bereits staatliche Prüfungen eingeführt. Und der zweiten Art der Ausbildung wird jetzt u. a. durch das Lettehaus in Berlin und die wirschaftlichen Frauenschulen besondere Aufmerksamkeit gewidmet, damit die Anfragen nach Haushaltungsleiterinnen für Krankenhäuser, Sanatorien, Hotels, Pensionate usw. in richtiger Weise befriedigt werden können. Diese Anstalten sind für ihre Insassen meist vorübergehende Aufenthaltsorte: der Betrieb geht weiter, wenn auch die Gäste wechseln. Jedoch könnte dieses System auch für Einzel- wie Familienhaushaltungen Anwendung finden, in denen die Insassen die hauswirtschaftlichen Geschäfte dauernd durch die Anstaltsleitung besorgen lassen, während das Familienleben den geschlossenen Charakter weiter beibehält. Je nach der Art des Wohnens: ob zur Miete oder im eigenen Haus, und falls zur Miete ob im Einfamilienhaus oder in der Mietskaserne werden nicht nur die technischen Einrichtungen verschieden sein müssen, sondern auch die Neigung der Bewohner des Hauses, für oder gegen zentralisierte Nahrungsmittelversorgung wird durch die Wohnweise stark beeinflußt werden.

Für die Art und Weise der technischen Durchführung finden wir Vorbilder in Sanatorien, Krankenhäusern, Sommerfrischen und Einküchenhäusern. Wenn für die technische Seite des Konsums fachmännisch gesorgt wird, kann auch auf physiologische und diätetische Wünsche der Einzeln Rücksicht genommen werden, wie die vielen Kliniken und Sanatorien am besten beweisen.

Die Gemütlichkeit des Familienkreises brauchte in keinerlei Weise gestört zu werden, wenn von einer Zentrale für viele, anstatt von vielen Einzelküchen für wenige gesorgt würde.

Eine abgehetzte Hausfrau ist nicht das unbedingt notwendige Requisit für häusliche Behaglichkeit. Bei der nicht zu leugnenden Zunahme der weiblichen Erwerbstätigkeit und der Abnahme der Dienstboten, bei den gesteigerten Ansprüchen an häuslichen Komfort und bei den allgemeinen Kulturanforderungen wäre es nicht anders möglich, als daß die Hausfrau mehr als je für alle Pflichten in ihrem Hauswesen einzutreten hätte, mehr als je unter den Nachteilen einer Wirtschaftsform, die ohne Arbeitsteilung sich zu behaupten sucht, in Zukunft zu leiden hätte.

Dies gilt für alle Familienhaushaltungen, für reiche und arme Leute, und daher ist eine organisatorische Änderung des Hauswesens nicht eine Frage, die nur als „Frauenfrage" angesehen werden darf. Sie ist des öfteren als solche aufgefaßt worden. Man verkennt hierbei aber einerseits die Bedeutung des Konsumtionsproblems, andererseits die Bedeutung der Kulturaufgaben, welche die Familie zu lösen hat. Ist eine Zentralisation des Hauswesens einerseits eine durch wirtschaftliche Änderungen hervorgerufene nicht generelle aber wenigstens partielle Notwendigkeit, so ist sie auch eine Korrektur an einem Wirtschaftssystem, in dem allmählich das Unwesentliche über das Wesentliche, das Mittel zum Zweck über den Zweck gesiegt hat. Ist dem Familienhaushalt im Laufe der Jahrhunderte die Produktion genommen, so haben auch die Bedingungen, unter welchen die konsumtiven Aufgaben sich zu vollziehen haben, wesentliche Änderungen erfahren und müssen folglich auch die in anderer Art und Weise geregelt werden.

Wenn wir nun auf die Nahrungsversorgung, als die am meisten Kraft und Geld raubende hauswirtschaftliche Tätigkeit den Hauptwert bei der Neuorganisation der Hauswirtschaft legen, so können wir uns diese Änderung in den verschiedensten Formen denken. Es wäre unnütz, sich eine genaue Gestaltung solcher Zentralküchen auszumalen. Diese können sowohl als kleines Küchenhaus für einen Komplex von Einfamilienhäusern gedacht sein, als auch einen Teil der üblichen Mietskasernen ausmachen; sie können sowohl als Vervollkommnung der Kaffeewagen als ambulante warme Küche, wie als Volksspeisehäuser gedacht sein. Der in Berlin für Kranke organisierte Dienst, mittelst Speisewagen (v. Rath-Stiftung) den Hilfsbedürftigen Mahlzeiten zu vermitteln, zeigt wie vielgestaltig solche Zentralküchenaufgaben sein können. Ferner hätten die Volksspeisehäuser doppelte Aufgaben zu erfüllen. Sowohl geschlossenen Familien, wie auch Aftermietern, die sich zu Tischgenossenschaften zusammenschließen wollen, müßten den Wünschen entsprechende Gesamtmahlzeiten verabreicht werden. Durch solche und ähnliche Einrichtungen könnte sowohl dem frauenlosen Haushalte geholfen, wie auch den vielen Personen, die zu weit entfernt von ihrer Arbeitsstätte wohnen, genützt werden. Der individuelle Geschmack wie die finanzielle Notwendigkeit lassen dem Ergreifen einer Initiative freie Bahn. Der Hauptgedanke ist nur die Durchführung eines Zentralbetriebes für die Nahrungsversorgung anstatt der vielen Kleinbetriebe mit eigenen Küchen oder Küchenanteilen.

Man kann an diesen Gedanken von verschiedenen Seiten herantreten. Erstens indem man einfach Überlegungen, die für Groß- und Kleinbetrieb in der Produktion gelten, für die hauswirtschaftlichen Konsumtionsbetriebe übernimmt. Aus solchen Analogien können die möglichst falschen Schlüsse für einen an sich richtigen Gedanken gezogen werden. Sie sind aber ebensowenig wie hypothetische Berechnungen imstande, diesen kücheneinheitlichen Gedanken Vorschub zu leisten.

Zweitens kann man die Abnahme der ständigen Hilfskräfte als Ausgangspunkt für eine Reform in der Hauswirtschaft annehmen, oder man kann der Ansicht sein, daß Frauenkraft, die jetzt in der Hauswirtschaft gebunden ist, freigesetzt wird, um anderen volkswirtschaftlichen und kulturellen Zwecken zu dienen.

Auch kann man vom rein konsumtiven Standpunkt aus an diese Frage herantreten. Die Ausgaben für Nahrungs- und Genußmittel sind in dem größten Teil der Bevölkerung derart, daß die Konsumenten sich ihres Einflusses bewußt geworden sind und sich zu einer Macht in Konsumvereinen zusammengeschlossen haben. Allerdings unter Beibehaltung des alten einzelhauswirtschaftlichen Systems. Wenn die Konsumvereine die Nahrungsversorgungsfrage nicht nur von der wirtschaftlichen, sondern auch von der technischen Seite, d. h. von der größtmöglichen Ausnutzbarkeit der Nahrungsmittel durch Anwendung vollendeter Maschinen, anfassen würden, dann wäre allerdings für die zukünftige Gestaltung der Konsumtion vieles gewonnen. Eine Sammlungspolitik von seiten der Konsumvereine könnte die einzelnen Kleinkonsumenten der hauswirtschaftlichen Betriebe der Großkonsumenten in einem Zentralküchenbetrieb vereinen. Anstatt mit einer Vielheit von Kleinkonsumenten, die dem Konsumvereine hohe Betriebsunkosten verursachen, würde der Konsumverein es dann nur mit einer geringen Zahl von Großkonsumenten zu tun haben. Durch eine solche Vereinfachung der Geschäftsführung würde die Ersparnis des Konsumvereins wachsen. Dieses Plus an Ersparnis könnte dazu gebraucht werden, um unter eventueller Beibehaltung und ohne Schmälerung der Austeilung der Gewinnbeteiligung an die Einzelkonsumenten die jetzige *unbezahlte* Hausfrauenarbeit durch bezahlte Berufsarbeit zu ersetzen. Wie man aber eine Reform der familienwirtschaftlichen Nahrungsversorgung auch durchführen will, stets muß diese Reform Hand in Hand gehen mit einer *Wohnungsreform*. Die Zentralküche ist stets, sei es positiv oder negativ, eine Aufgabe im Bereiche der Wohnungsfrage. Positiv, indem die Zentralküche als Teil der Wohnung mit besonderer Sorgfalt ausgestattet sein muß, negativ indem sie in allen Wohnungen einen freien Platz: den Herdraum, schafft. Während die Belastung durch Miete selten mehr als ein Drittel der Einnahmen mit Beschlag belegt, steigt der Ausgabenposten für Nahrungs- und Genußmittel bis zu der Hälfte aller Ausgaben. Da Miete und Nahrungskonsum die beiden wichtigsten Ausgabenposten des kleinen Budgets sind und auch in enger Wechselwirkung stehen, so wäre eine Reform, die die beiden Konsumtionsaufgaben vereinigen würde, von größtem Nutzen.

Die Durchführung des Gedankens der Zentralküche ist mit den Problemen der Wohnungsreform eng verknüpft. Erörterungen allgemeiner Natur gehören daher stets zu den Problemen der Wohnungsfrage.

Wenn, um nur ein Beispiel zu nennen, die Frage aufgeworfen wird, ob der Bau einer Zentralküche von den erwerbstätigen Hausfrauen ausgehen soll, so ist damit die allgemeine Frage aufgeworfen, ob schlecht bezahlte Arbeiter überhaupt imstande sind, sich zu wirtschaftlichen Organisationen zusammenzuschließen und ihre Forderungen in der Praxis durchzusetzen. Weiter kommt in Frage, ob durch billige Kreditgewährung solche Bestrebungen zu unterstützen seien, oder ob für die untere Arbeiterschicht nur von Obrigkeits wegen derartige Reformen durchzusetzen seien. Kurz viele der hygienischen, wirtschaftlichen und ethischen Erörterungen, welche für die Wohnungsfrage gelten, gehören auch in den Bereich der Fragen, die unter das Problem „Organisation der Konsumtion" fallen. Während die Durchführung der Zentralküche abhängig ist von einer Reform des Wohnungswesens, ist leider letztere sehr gut denkbar ohne Durchführung der Zentralküche oder des Zentralhaushaltes. Man hat in der Wohnungsfrage dieser konsumtiven Seite der Hauswirtschaft noch zu wenig Aufmerksamkeit gewidmet. Schon hat man an die Zentralisation für die Waschküche, für das Bad, für den Kinderspielplatz und den Gesellschaftsraum gedacht und eine solche durchgeführt, aber eine gänzliche Umänderung des hauswirtschaftlichen Systems durch eine Zusammenlegung der Küchen- und Wirtschaftsbetriebe hat man nur sehr vereinzelt und dann mit wenig Erfolg durchgeführt.

Es handelt sich bei dieser Reform nicht nur um eine rein technische Frage, denn die Technik ist auf dem hauswirtschaftlichen Gebiete viel weiter fortgeschritten als die Familienhauswirtschaft selbst, es handelt sich nur um eine Organisation, alle diejenigen in den Besitz dieser Technik zu setzen, die ihrer bedürfen und um den Nachweis ihrer **wirtschaftlichen Rentabilität.** Die Zentralheizung, die Warmwasserversorgung, die Gas- und elektrische Leitung, sind nichts anderes als die Anwendung eines Zentralisationsprinzips mit hauswirtschaftlichen Anschluß. Jede Hauswirtschaft profitiert von der Zentrale, so weit sie ihrer bedarf, und bis jetzt hat keine Hauswirtschaft an individuellem Reiz oder an Innigkeit des Familienlebens gelitten, weil sie Fortschritte der Technik in ihren Dienst stellte. Keine Haushaltung braucht, wenn sie es nicht will, die Mahlzeiten, die in der Zentralküche fertig gestellt werden, anders als im engsten Familienkreise einzunehmen.

Welche Haushaltungen kommen aber für eine solche hauswirtschaftliche Änderung in Betracht?

In den landwirtschaftlichen Kreisen halten wir die Zusammenlegung der produktiven und konsumtiven Aufgaben innerhalb der einzelnen Eigenwirtschaft für erwünscht. Dagegen halten wir für die Wirtschaften, die keine Eigenwirtschaften mehr sind, und die sich durch ihre Lage für Zentralisation der hauswirtschaftlichen Betriebe eignen, eine Anbahnung dieses Gedankens für wünschenswert.

Fragt man aber, wer wohl für eine Reform der hauswirtschaftlichen Geschäfte in Betracht käme, so sind es in erster Linie die Haushalte mit oder ohne Kinder, wo die Ehefrau oder Leiterin des Hauswesens hauptberuflich erwerbstätig ist, und in zweiter Linie die Haushalte, wo durch Abwanderung der mithelfenden Familienangehörigen Lücken in den Reihen der hauswirtschaftlichen Hilfskräfte entstanden sind, und drittens sind es die Haushaltungen, wo durch Dienstbotenmangel eine Vereinfachung der hauswirtschaftlichen Tätigkeit notwendig geworden ist. Kurz es sind sehr viele Haushaltungen, die einer Reform bedürfen.

Den erwerbstätigen verheirateten Hausfrauen hat man noch keine wesentlichen Erleichterungen für ihr Hauswesen geschaffen. Dagegen hat man in Frankfurt a. M. eingesehen, daß für erwerbstätige, verheiratete Männer mit Kindern aber ohne Frau die Versorgung einer Hauswirtschaft unmöglich ist, und man hat ihnen die Wohltat erwiesen, durch eine Zentralhaushaltung diese Verpflichtung von ihnen zu nehmen. Es ist sehr schlimm für den Mann, daß er nur durch den Tod seiner Frau zu dieser Fürsorge gelangen kann, es ist aber noch viel härter für die Frau, daß nur für ihren Mann, nie aber für sie eine Entlastung der hauswirtschaftlichen Obliegenheiten stattfinden kann. Das Witwerheim in Frankfurt, als Einzelerscheinung und als Anstalt mit charitativem Charakter kann ebensowenig wie die Einküchenhäuser in Berlin als Typ der Zentralküche gelten, es handelt sich hier vielmehr um die Anwendung und Anerkennung der Notwendigkeit eines Prinzips, nach dem auch auf andere Weise als in dem Familienhaushalt, hauswirtschaftlich verfahren werden kann.

Die verheirateten gewerblichen Arbeiterinnen und die Hausgewerbetreibenden kommen vorzugsweise für eine Reform ihrer Hauswirtschaften in Betracht. Nur wenn das Wohnen in bestimmten Arbeitervierteln eine Zentralisation dieser Hauswirtschaften zuließe, könnte man sie vereinigen und ihre Betriebe vereinfachen. Uns scheinen sowohl der Konsumverein, wie die Wohlfahrtsbestrebungen geeignet, solche Reform sowohl in der Stadt wie auf dem Lande durchzusetzen. Die Landesversicherungsanstalten, die so oft ihre Gelder zu sozialen und hygienischen Zwecken zur Verfügung stellen, könnte diese Prophylaxe, denn um eine solche handelt es sich hier, übernehmen. Manche Hausfrau, die aus Gründen, die wir vorher kennen lernten, erwerbstätig ist, kann den vielen Ansprüchen, die an sie durch Erwerbs- und hauswirtschaftliche Arbeit gestellt werden, nicht gerecht werden, ihre Gesundheit und Kraft leidet infolge von Überbürdung, sie kann leicht der sozialen und öffentlichen Fürsorge anheimfallen und so Kosten verursachen, denen durch rechtzeitiges Eingreifen hätte vorgebeugt werden können. Diese Kosten erstrecken sich nicht nur auf die Person der Hausfrau, sondern dehnen sich auch auf den Kreis ihrer Angehörigen aus, die durch ungenügende Verpflegung gesundlich geschädigt werden und an Widerstandsfähigkeit im Kampfe um das Dasein eingebüßt haben. Vor allem handelt es sich auch darum, daß die Hausfrau durch Überbürdung mit Arbeiten niedriger Art nicht imstande sein wird, ihre höheren Aufgaben zu erfüllen. Das Haus ist für die erwerbstätige Hausfrau keine Ruhestätte. Für sie ist das Haus nicht, wie es dies in der Regel für den Mann sein soll, eine Stätte der Erholung und Kräftigung. Die Frau findet in der Hauswirtschaft eine Quelle unerschöpflicher Arbeit, sie wird in Volkswirtschaft und Hauswirtschaft verbraucht, statt dem Familienverbande in seinen höchsten Aufgaben erhalten zu bleiben. Entweder die Beseitigung der verheirateten Arbeiterin aus der Volkswirtschaft, oder die Erleichterung hauswirtschaftlicher Arbeit können Wandel schaffen. Die Gründe, warum die Hausfrau in die Reihen der Erwerbstätigen eintritt, sind so schwerwiegender Natur, daß diese Selbsthilfe gewiß nicht ausgeschaltet werden darf, und selbständige Existenzen durch Ausnahmeverbote nicht zu Pauper herabgedrückt werden dürfen. Die Hauswirtschaft jedoch kann erleichtert werden.

Nicht nur die erwerbstätige Hausfrau, sondern fast alle Hausfrauen klagen über die „lieben" Lasten, welche die täglich wiederkehrenden Aufgaben der Hauswirtschaft ihnen auferlegen. Je mehr die Zahl der haupt- und nebenberuflich erwerbstätigen weiblichen Personen überhaupt zunimmt, um so mehr ist die Arbeitskraft der weiblichen Familienangehörigen anderweitig in der Produktion in Anspruch genommen. Das Abwandern der weiblichen und männlichen Jugend in andere Familienhaushaltungen, wie es in Deutschland so ungemein häufig vorkommt, überfüllt diese mit fremden Elementen. Diese familienfremden Insassen in anstaltsähnlichen Zentralhaushaltungen unterzubringen ist eine Aufgabe, die nicht nur von Freunden der Zentralküche befürwortet wird. Der Kreis, für den eine hauswirtschaftliche Reform wünschenswert ist, dehnt sich somit wesentlich aus. Sowohl die Haushaltungen der untersten und mittleren Bevölkerungsklassen weisen Mängel auf, denen durch hauswirtschaftliche Reformen abgeholfen werden kann, aber zu ihnen gesellen sich auch die Haushalte der oberen Klassen, die gleichfalls durch die steigende Dienstbotennot gezwungen werden, Maßregeln zu treffen, um ihre Privathaushaltung anders zu gestalten als bisher. Verhältnismäßig (siehe hierzu Seite 31) hat die Zahl der Dienstboten in der Großstadt etwas rapider abgenommen, als auf dem Lande; immerhin ist der Dienstbotenmangel in der Stadt wie auf dem Lande zu einer Kalamität geworden. Seine Ursache liegt nicht nur in der volkswirtschaftlichen Nachfrage nach Arbeitskräften, sondern, wie auch bei der Abwanderung der Familienangehörigen, in der Unlust, sich patriarchalen Familienverhältnissen unterzuordnen. Die Unfreiheit in der elterlichen oder fremden Hauswirtschaft und die Rastlosigkeit im hauswirtschaftlichem Betriebe lassen jede andere Arbeit anziehender, als die hauswirtschaftlichen Dienstleistungen erscheinen. Im Kleinbetriebe der Hauswirtschaft kann das Prinzip der Arbeitsteilung nicht durchgeführt werden, dagegen ließe es sich in einem hauswirtschaftlichen Großbetriebe mit geschulter Leitung durchsetzen. Die Hilfskräfte, die jetzt der Familienhaushaltung verloren gehen, würden diesem als Großbetriebe in vielen Fällen erhalten bleiben, und die Tätigkeit im großen Zentralhaushalte einer Arbeit im Erwerbsleben außerhalb des Hauses vorziehen. Die Verschwendung von Arbeitskraft in der Konsumtion ist nur dadurch möglich, daß die Hauswirtschaftenden den vollen Preis für ihre Arbeit nicht erhalten. Jedoch auch diese Kraftverschwendung muß irgendwie bezahlt werden, und zwar fordert der Kraftaufwand und die Kraftverschwendung an Menschen- und Warenmaterial in der Konsumtion erhöhte Anstrengung der Arbeitskräfte bei der Produktion. Letzterer Aufwand ist, weil durch ihn ein größerer Nutzeffekt nicht erreicht wird, unwirtschaftlich, denn auch ein größerer Gewinn an materiellen oder immateriellen Gütern wird hierdurch nicht erreicht. Zu einem wesentlichen Teil aber liegt die Ursache zur Frauenarbeit in der Unausgeglichenheit zwischen der heutigen Produktions- und Konsumtionsweise. Der aus erhöhter Anstrengung für Erwerbszwecke erwünschte Erfolg tritt für den Konsumenten nicht voll in Erscheinung, sondern wird zu einem erheblichen Teil durch die Unwirtschaftlichkeit der übrigen Konsumtionspraxis aufgehoben.

Würden Arbeitsteilung und Anwendung moderner Technik, Fachbildung und Zentralisation in der Konsumtion, ähnlich wie in der Produktion, Regel sein, so wäre nicht nur zwischen Produktion und Konsumtion das richtige Verhältnis hergestellt, sondern auch innerhalb des Familienhaushaltes würde der Kreislauf der durch produktive Arbeit errungenen und durch konsumtive Aufgaben zerronnenen Gelder sich normal gestalten.

In der Volkswirtschaft muß dem subjektiven Konsumtionsproblem eine größere Bedeutung beigemessen werden. In der Einzel- und Familienwirtschaft jedoch darf die hauswirtschaftliche Nahrungsmittelkonsumtion kein größeres Gewicht erlangen, als ihr gegenüber den ethischen Interessen und Bedürfnissen des Familienlebens zukommt.